ドリルでカンタン！

中学英語は **7**日間 でやり直せる。

7-day workbook on the basics of English grammar

［著］澤井康佑　［漫画］関谷由香理

※前作『マンガでカンタン！中学英語は７日間でやり直せる。』のこと

ドリルでカンタン！
中学英語は7日間でやり直せる。

7-day workbook on the basics of
English grammar

ここでは個性豊かな
本書の登場人物を紹介します。
7日間の講義を彩る
3人と1匹の演者たち…
どうぞお見知りおきを!!

講師役／参考書作家

サワイ先生

あるコツをつかめばきちんと理解できる

キラーン

うわーーっ

SAWAI

タイムキーパー役／猫

歩きネコ

ボクと一緒に歩かニャい？

ARUKI
NEKO

**7日間ひたすら
歩くネコ**

ページの下で歩いているネコ。今日
どれだけ勉強したかが一目瞭然！
あなたの勉強を支える強い味方。

**情熱的な
参考書作家**

とある大手予備校で英語講師をしてい
たが、参考書出版の悲願を叶えるべく決
意の辞職。その後は文筆業に専念し、原
稿執筆に明け暮れる。英語をこよなく愛
し、参考書企画の持ち込みはもはや「ラ
イフワーク」の域に達している。

[誕生日]　　　不明
[血液型]　　　不明
[出身]　　　　不明
[趣味]　　　　お散歩
[苦手なもの]　ヘビ

[誕生日]　　　5月5日
[血液型]　　　不明
[出身]　　　　神奈川県
[趣味]　　　　バー通い、参考書収集
[苦手なもの]　絶叫マシン

生徒役／漫画家
セキヤさん

チューター役／編集者
タカハシさん

いいですね！
これならおぼえられます！

非常に鋭い
ご指摘ですね

キャー

ゲジ ゲジ

カレー
召し上がーれ〜

ルーラルー

SEKIYA

出兵！
敵の城を落とすのだ！
タタタタタタタ

♪

ピッ
ピッ

TAKAHASHI

＼ 巻き込まれ属性な ／
漫画家

天然でおっとりしたお人好しで、強く頼まれると決して断れない性格。その天性の「巻き込まれ属性」ゆえに、期せずして漫画家としてのデビュー作が、同じ日に同じ出版社に原稿の持ち込みをしたサワイ先生との共同制作となった。

［誕生日］　　　6月28日
［血液型］　　　O型
［出身］　　　　新潟県
［趣味］　　　　音楽鑑賞、手芸
［苦手なもの］　足の多い虫

＼ 大胆不敵な ／
編集者

出版社勤務で参考書の編集部に所属している。若手ながら歯に衣着せぬ言動で、ときにズバッと容赦なく直言する。その立ち振舞いは一見ドライにみえるが、参考書編集にかけては並々ならぬ情熱を持っている。

［誕生日］　　　7月12日
［血液型］　　　A型
［出身］　　　　静岡県
［趣味］　　　　スマホゲーム、読書
［苦手なもの］　カレーライス

すでに前作を
読んで
くださった方は

マンガで
カンタン！
中学英語は
7日間
でやり直せる。

まことに
ありがとうございます！

ペコッ

前作の内容の
復習をかねた
問題集として

本書を
お使いいただく
こともできます

章構成が同じなので
内容の確認に最適です

マンガ
7日間

参考書

ふり返り
問題に
挑戦！

ドリル
7日間

復習を兼ねた問題集

また解説も
おなじみのおふたりの
かけあいで
できており

セキヤさん　サワイ先生

その絶妙な
かけあいで

楽しく学ぶことが
できます

絶妙
だって

ほめられて
いるの
かな…

このように
本シリーズは

どちらからでも
英語を学び直せる
仕組みに
なっています

マンガ　ドリル

もちろん
この1冊でもOKです！

ドリル
7日間

みなさんの英語学習の
お力になれれば幸いです

ペコッ

1
日目

名詞

名詞の取り扱いのルール

名詞の取り扱いのルール

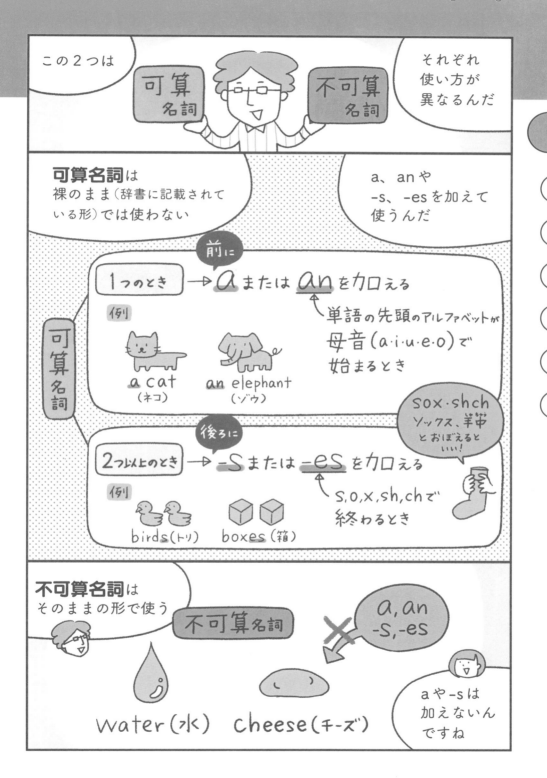

名詞

名詞の取り扱いのルール

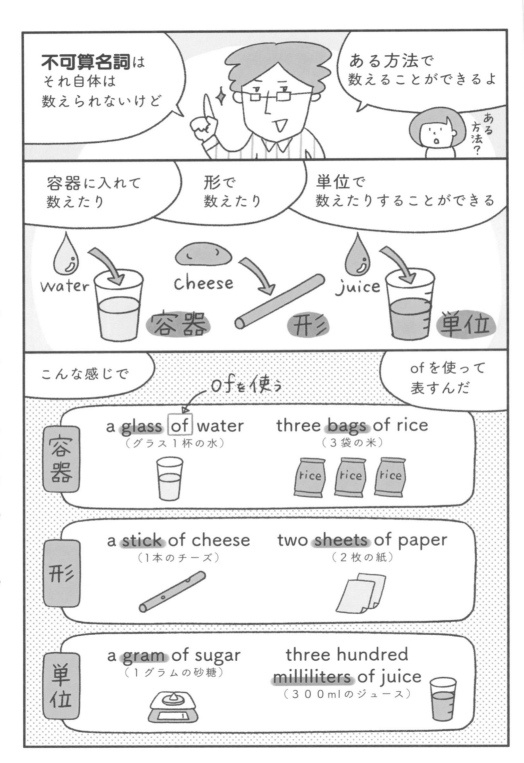

GOAL

要点を確認してみる

英語の名詞はちょっとした厄介者です。日本語を使うときには考えないでいいようなことについて、あれこれと考えなくてはなりません。英語を正しく使うためには、まずなによりも名詞について学ぶ必要があるのです。

名詞

名詞の取り扱いのルール

名詞の扱い方をおさえる。

1 英語の名詞は、次の2つに分類できる。

▼ルールを確認！

❶可算名詞………他との境界線がはっきりしており、「1つ」「2つ」と数えられるもの。具体的なもの。
　　　　　　　　㋭ bird(鳥)／pen(ペン)／tower(塔)
❷不可算名詞……特定の形をもたない物質。漠然としたもの。抽象的なもの。
　　　　　　　　㋭ silver(銀)／air(空気)／honesty(正直さ)

ワンポイント‼

それぞれ使われ方が異なるから、その名詞が可算名詞と不可算名詞のどちらなのかを理解しておく必要があるんだ。

2 可算名詞は裸のまま(辞書の見出し語に記載されている形)では用いない。

▼ルールを確認！

［単数(1つ)である場合］
前にaまたはanを加えて用いる。単語の先頭のアルファベットが母音(a,i,u,e,o)である場合はanを加える。それ以外の語はaを加える。
㋭ a bird(鳥)／a hat(帽子)／an eye(目)／an olive(オリーブ)

- -

［複数(2つ以上)である場合］
後ろに–sまたは–esを加えて用いる。s, o, x, sh, chで終わる名詞には–esを加える。それ以外の語は–sを加える。
㋭ dogs(犬)／desks(机)／classes(クラス)／potatoes(ポテト)

① GOAL

「1つ」か、それとも「2つ以上」かで分けて考えるのがポイントだ。

3 不可算名詞は裸のまま用いる。a, an や –s, –es は加えない。

4 不可算名詞は of を用いたうえで、「容器」「形」「単位」で数えることができる。「容器」「形」「単位」に当たる語は可算名詞なので、この部分は a,an または –s,–es を加えて用いる。

▼具体例で確認！

a cup of milk（カップ1杯のミルク）→ cup は容器

two sticks of cheese（2本のチーズ）→ stick は形（棒状の形）

five grams of gold（5グラムの金）→ gram は単位

a cup, sticks, grams というように、容器・形・単位を表す言葉は、a や -s とともに用いられていることが確認できるね。

5 可算名詞としても不可算名詞としても用いられる名詞がある。

▼具体例で確認！

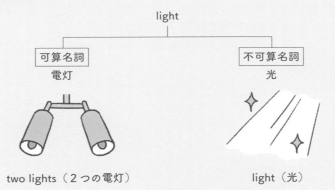

light

可算名詞　電灯

不可算名詞　光

two lights（2つの電灯）

light（光）

同じ light でも、「電灯」の意味では可算名詞で、「光」の意味では不可算名詞として用いられるってことだ。

ドリルを解いてみる

1 次の名詞が可算名詞ならА、不可算名詞ならВと記しましょう。

(1) milk（牛乳）

(2) yoghurt（ヨーグルト）

(3) cookie（クッキー）

(4) bread（パン）

(5) charity（慈愛・慈善）

(6) equality（平等）

(7) function（機能）

2 次の語は、可算名詞としても不可算名詞としても用いられるものです。それぞれの場合の意味を答えましょう。

(1) fire

可算名詞：　　　　　　　　　　　　　　不可算名詞：

(2) paper

可算名詞：　　　　　　　　　　　　　　不可算名詞：

(3) work

可算名詞：　　　　　　　　　　　　　　不可算名詞：

3 次の表現を英訳しましょう。

(1) カップ 1 杯のコーヒー

_____

(2) グラス 3 杯のワイン

_____

(3) 4 箱の砂

_____

(4) 2 袋の砂糖

_____

4 次の表現を英訳しましょう。

(1) 2 本の木材

_____

(2) 1 枚の紙

_____

(3) 1 玉の毛糸

_____

(4) 3 滴の水

_____

5 次の表現を英訳しましょう。

名詞

名詞の取り扱いのルール

(1) 2トンの米

_____

(2) 1グラムの金

_____

(3) 3リットルのビール

_____

(4) 5メートルの雪

_____

作品番号0001〜0008は『マンガでカンタン！ 中学英語は7日間でやり直せる。』に載っています。

答えあわせをしてみる

名詞

名詞の取り扱いのルール

1 (1) **B** 不可算名詞　(2) **B** 不可算名詞　(3) **A** 可算名詞　(4) **B** 不可算名詞　(5) **B** 不可算名詞　(6) **B** 不可算名詞　(7) **A** 可算名詞

2 (1) 可算名詞：**火事**　不可算名詞：**火**　(2) 可算名詞：**新聞・論文**　不可算名詞：**紙**　(3) 可算名詞：**作品**　不可算名詞：**仕事・労働**

3 (1) a cup of coffee　(2) three glasses of wine　(3) four boxes of sand　(4) two bags of sugar

4 (1) two sticks of wood　(2) a sheet of paper　(3) a ball of wool　(4) three drops of water

5 (1) two tons of rice　(2) a gram of gold　※aの代わりにone も可。
(3) three liters of beer　(4) five meters of snow

1

(1)　正解 **B** 不可算名詞

🐱サワイ milk が不可算名詞だというのは大丈夫だった？

😺セキヤ water は「物質」なので、不可算名詞ですよね。milk も同じように液体だから不可算名詞だと考えました。

🐱サワイ いいね。他に wine（ワイン）も beer（ビール）も vinegar（酢）も、液体はぜんぶ不可算名詞だ。

(2)　正解 **B** 不可算名詞

🐱サワイ yoghurt はどうだった？

😺セキヤ 少しだけ迷いました。ヨーグルトって、液体のような個体のようなものですよね。でも「1つ、2つ」と数えるようなものじゃないですよね。だから不可算名詞だと思いました。

🐱サワイ その読みが当たったね。

(3)　正解 **A** 可算名詞

🐱サワイ cookie はあまり迷わなかったんじゃない？

😺セキヤ はい。クッキーは固形で、「1枚」「2枚」と数えられるので、可算名詞だと考えました。

(4)　正解 **B** 不可算名詞

🐱サワイ bread は可算名詞だと思う人が多

いんだ。

セキヤ クッキーが可算名詞なら、パンだって可算名詞だと思います。

サワイ たしかに両方とも、小麦が主な原料で、固形に焼き上がるものだから、その点は同じだ。でも焼き上がってからの食べ方が少しちがうよね。

セキヤ 食べ方？　バターを塗るとかそういうことですか？

サワイ いや、そうじゃなくて、パンは大きなかたまりで焼き上がって、そこから切って食べるでしょ。「物質」として出来上がって、そこから「個」にする作業をしたうえで食べるわけだ。でも、クッキーは焼き上がったものをそのまま食べるよね。

セキヤ なるほど。クッキーは焼き上がった時点で、もう「個」になっているということですね。

サワイ そう。だからcookieは可算名詞なんだ。でもbreadは「物質」であるwaterやairなどと同じで不可算名詞。似た材料で、同じように作る食品どうしなのに、出来上がってから食べるまでの微妙な違いで、可算名詞、不可算名詞に分かれる、ってことなんだ。

セキヤ 面倒だなぁ。

サワイ でも興味深くもあるよね。

セキヤ たしかにちょっと面白いです。

サワイ 人間が身のまわりのものとどう関わるか、そしてそれをどうとらえるかといったことが、言葉の使い方に反映されるんだ。

セキヤ なるほど。

サワイ だから言葉の勉強は、「人間とは何か」の勉強でもある、ということになる。

セキヤ 奥が深いですね。

(5) 　正解　**B** 不可算名詞

セキヤ これは大丈夫でした。charityって、loveなんかと同じで、抽象的で、漠然としたものですよね。

サワイ そう。だから不可算名詞。

(6) 　正解　**B** 不可算名詞

セキヤ これも同じですね。「平等」って、「1つ、2つ」って数えるようなものじゃないですし。

サワイ 日本語でも、たとえば「4つの平等」なんて言わないよね。equalityは不可算名詞だ。

(7) 　正解　**A** 可算名詞

サワイ これは難しかったと思う。functionは不可算名詞だと思わなかった？

セキヤ はい。だって「機能」って目に見えるようなものじゃないですよね？

サワイ たしかに「機能」って、appleやbirdのような、はっきりとした形をもったものに比べれば、「可算名詞っぽさ」は低い。でも、たとえば「この機械には5つの機能がある」なんて文は、自然なものだよね。

セキヤ たしかに。

サワイ だからfunctionは可算名詞なんだ。

セキヤ じゃあ、日本語で考えて「1つ、2つ」と数えられるものは、必ず可算名詞になるんですか？

サワイ そうとも言えない。たとえばinformation（情報）という語。これは、日本語で、たとえば「良い情報が1つ入った」なんて言えるよね。でもこれは不可算名詞なんだ。

セキヤ 難しいですね。可算名詞と不可算名詞を見抜く、何か特効薬のようなものはないですか？

サワイ 特効薬ではないけれど、次の視点は

かなり有効だよ。

> **✓CHECK**
>
> ✓「数」でとらえるもの → 可算名詞
>
> ✓「量」でとらえるもの → 不可算名詞

名詞

名詞の取り扱いのルール

サワイ この視点から、information（情報）について考えてみよう。「情報数」という言葉と、「情報量」という言葉のどっちが自然な感じがする？

セキヤ 「情報量」です。ということはinformation は不可算名詞ですね。これは便利な判別法ですね。

サワイ 万能ではないけど、1つの判断基準にはなるよ。

セキヤ はい！　おぼえておきます。

2

(1) 正解 可算名詞：**火事**／不可算名詞：**火**

サワイ fire は、不可算名詞の意味を先に思いついんたんじゃない？

セキヤ はい。不可算名詞の「火」の意味は思いついたのですが、「火事」は出てきませんでした。

サワイ 火事は「1件、2件」と数えられるからね。英和辞典でfire を引くと、不可算名詞であることを示すUのマークのところに「火」という訳があって、可算名詞であることを示すCのマークのところに「火事」が記載されてるよ。

(2) 正解 可算名詞：**新聞・論文**／不可算名詞：**紙**

サワイ paper はどうだった？

セキヤ 「紙」という意味しか出てきませんでした。でも、そもそもこれが可算名詞なのか不可算名詞なのかもあやふやでした。

サワイ 「紙」の意味の場合は、物質として扱われるので不可算名詞なんだ。paper には、「紙」の他に「新聞」や「論文」という意味もあって、こっちが可算名詞だ。

セキヤ newspaper の paper ですね。

サワイ そう。paper だけでも「新聞」という意味になるんだ。新聞は「1紙、2紙」、論文は「1本、2本」と数えられるから可算名詞だ。

(3) 正解 可算名詞：**作品**／不可算名詞：**仕事・労働**

サワイ これは「仕事」という意味だけが思いついたんじゃない？

セキヤ はい。

サワイ じゃあ「仕事」という意味の場合は、可算名詞と不可算名詞のどっちだと思う？

セキヤ さっき教えてもらった判断基準を使って考えると…。「仕事数」よりも「仕事量」のほうが自然なので、不可算名詞ですね。でも、可算名詞のほうの意味が出てきませんでした。

サワイ work は「作品」という意味でもよく使われるよ。ぜひ知っておいてほしい。「作品量」よりも「作品数」のほうが、圧倒的に自然な表現だよね。この意味の場合は可算名詞だ。

3

(1) 正解 **a cup of coffee**

サワイ これはどうだった？

セキヤ これは特に難しくは感じませんでした。

(2) 正解 **three glasses of wine**

サワイ 忘れずに glass を複数形にすること

ができた？　不可算名詞は裸のまま使うけど、容器で数える場合、その容器が複数あるときは、この部分は複数形になる。

セキヤ glass を複数形にしなくてはならないということは分かったのですが、–s を加えてしまいました。–es ですよね。

サワイ これは間違いやすいんだ。覚え方とともにまとめておこう。

> **☑CHECK**
>
> ✓s, o, x, sh, ch で終わる語を複数形にする場合は、–es を加える。
>
> ※s, o, x, sh, ch は「ソックス(s, o, x)」と「手中(sh, ch)」に分けたうえで、ゴロあわせ＋イメージ記憶でインプットするのがおすすめ。

> **☑CHECK**
>
>
>
> 「sox・sh ch」ソックス、手中(しゅちゅう)
>
> とおぼえてしまえばいい
>
> ハイ

(3)　正解　**four boxes of sand**

サワイ これはどうだった？

セキヤ これも間違えました。–s を加えて、boxs としてしまいました。x で終わる単語なので、「ソックス手中」に当てはまりますよね。

サワイ そう。だから –s ではなく –es を加えるんだ。

(4)　正解　**two bags of sugar**

セキヤ これは bag が出てきませんでした。bag というと、どうしてもお出かけの時に持つバッグしか思いつきません。

サワイ 突然だけど、セキヤさん、紅茶は好き？

セキヤ はい。

サワイ 家で飲むとき、毎回、葉っぱの量を計って、ティーポットに入れて飲んでる？

セキヤ いえ、ティーバッグで飲んでいます。

サワイ ほら。「バッグ＝袋」ってこと！

セキヤ あっ、そうか！　ティーバッグは袋状ですよね。袋は bag なんですね！

4

(1)　正解　**two sticks of wood**

サワイ この 4 では、容器ではなく、形で数える方法が問われてるんだ。まずは容器で数える場合と、形で数える場合の型を比べて示すね。

> **☑CHECK**
>
> ✓容器で数える場合
>
> 　→ 数値＋容器＋of＋不可算名詞
>
> ✓形で数える場合
>
> 　→ 数値＋　形　＋of＋不可算名詞

セキヤ 数値と of の間が違うだけですね。

サワイ そう。この部分に形を表す単語を置けば、「容器」の場合と同じように数えることができる。問題は、形を表す言葉をちゃんと思いつくかどうかだ。stick はどうだった？

セキヤ 「チーズスティック」って言葉もありますし、木材も同じでいいのかなと思いました。

サワイ いい推理だね。正解だ。

名詞

名詞の取り扱いのルール

セキヤ▶ 迷ったときに、似たものから推理するのは有効な方法ですか？

サワイ▶ うん。名詞が可算か不可算かを判断するときに限らず、いろんな場面で「似たものからの類推」は有効な方法だよ。

(2) 正解 a sheet of paper

セキヤ▶ 紙の「枚」を sheet で表す、というのはなんとか思いつきました。紙以外のものでも、a sheet of ～って表現、ありますか？

サワイ▶ もちろんあるよ。たとえばプラスチックのシートだったら a sheet of plastic だし、木のシートなら a sheet of wood だ。ちなみに「1枚の紙」は a piece of paper でも OK だ。piece だと、ちゃんとしたシート状でない紙も表せる。ちぎれた紙切れなんかもね。

(3) 正解 a ball of wool

セキヤ▶ これは少し戸惑いました。「玉」なので ball という語は思いついたのですが、この単語を a ball of ～ という形で使ったことがなかったから、これでいいのかなって最後まで迷ったんです。

サワイ▶ それはとても自然な戸惑いだよ。a ball of ～という表現をパッと出せる人はすごく少ないんだ。

セキヤ▶ そうなんですか。少し安心しました。

サワイ▶ 迷いながらも1つずつ、この a … of ～という形を身につけていけばいいんだ。

(4) 正解 three drops of water

サワイ▶ これは難しかったでしょう。

セキヤ▶ はい。全く分かりませんでした。

サワイ▶ 「形」というと、固形だとばかり思ってしまいがちだけど、液体も場合によっては形になるよね。滴だって一種の形だ。だから「a drop of 不可算名詞」「two drops of 不可算名詞」なんて表現もありうるんだ。じゃあ「血の一滴」は？

セキヤ▶ a drop of blood ですね！

サワイ▶ その通り！

5

(1) 正解 two tons of rice

サワイ▶ これはどうだった？

セキヤ▶ 大丈夫でした。

サワイ▶ これまでの「容器」「形」のところが「単位」になり、全体は「数値＋単位＋of＋不可算名詞」という形だね。ここでもやっぱり、数値が2以上の場合は、数値の次にある単語を複数形にしなくてはならない。

セキヤ▶ はい。tons にしました。

サワイ▶ この –s（あるいは –es）は、加えるのを忘れてしまうことが多いので、まとめておこう。

✓CHECK

✓ 数値＋容器・形・単位＋of＋不可算名詞
この 数値 が2以上の場合は、この部分を複数形にする。

GOAL

(2) 正解 a gram of gold　※aの代わりに one も可。

サワイ これはどうだった？

セキヤ これも大丈夫でした。

サワイ a ではなく one を用いて、one gram of gold としても正解だ。

(3) 正解 three liters of beer

セキヤ これは liter の綴（つづ）りが書けませんでした。

サワイ 日本語で普通に使っている英単語でも、意外にスペルが書けないものも多いんだ。こういうのも1つ1つ丁寧（ていねい）におぼえていこう。

セキヤ はい。

(4) 正解 five meters of snow

サワイ meters は書けた？

セキヤ これは書けました。

サワイ ちなみにここまで、不可算名詞を「容器」「形」「単位」のどれかで数えてきたけど、このうちのどれでも数えられないものもあるんだ。たとえば love。

セキヤ たしかに love は容器には入りませんし、物体じゃないから形にもならないし、love を数える単位なんかありませんよね。

サワイ かといって数えようがないわけじゃないんだ。日本語でも「愛の1かけらを下さい」なんて言ったりするのと同じように、piece を用いて a piece of love なんて表現ができる。a piece of chocolate（1切れのチョコレート）の a piece は、実際に手に触れることのできる「1切れ」だけど、a piece of love の a piece は、いわば比喩（ひゆ）的な用法だね。こんなふうに piece は応用範囲が広いんだ。「困ったときの piece 頼み」と言えるほどにね。

セキヤ 「困ったときの piece 頼み」ですか！おぼえておきます。

サワイ では1つ練習。「1つの情報」は？

セキヤ a piece of information ですね！

サワイ 正解！　じゃあ今日は、これにて終了しましょう。

2
日目

文型①

3つまでの世界を表現する

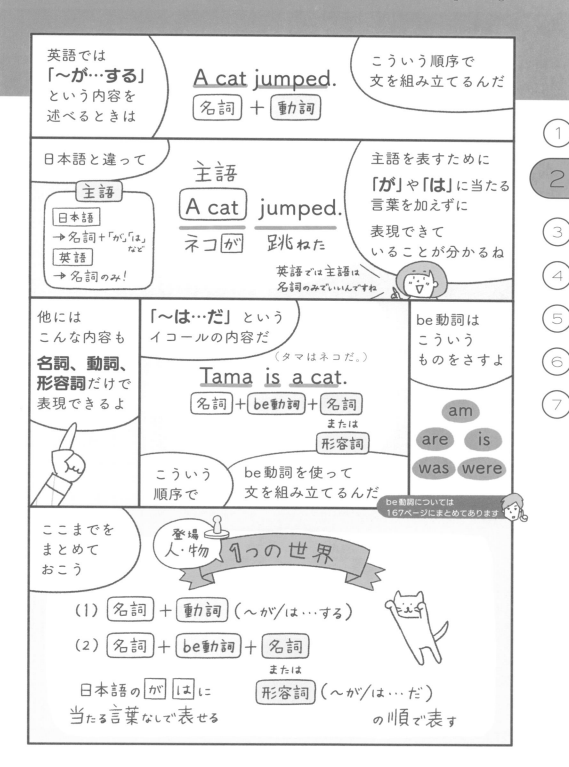

英語では「〜が…する」という内容を述べるときは

A cat jumped.
名詞 ＋ 動詞

こういう順序で文を組み立てるんだ

日本語と違って

主語
日本語
→名詞＋「が」「は」など
英語
→名詞のみ！

主語
A cat jumped.
ネコが 跳ねた

英語では主語は名詞のみでいいんですね

主語を表すために「が」や「は」に当たる言葉を加えずに表現できていることが分かるね

他にはこんな内容も
名詞、動詞、形容詞だけで表現できるよ

「〜は…だ」というイコールの内容だ

（タマはネコだ。）

Tama is a cat.
名詞 ＋ be動詞 ＋ 名詞
または
形容詞

こういう順序で be動詞を使って文を組み立てるんだ

be動詞はこういうものをさすよ

am
are is
was were

be動詞については167ページにまとめてあります

ここまでをまとめておこう

登場人・物 1つの世界

(1) 名詞 ＋ 動詞 （〜が/は…する）

(2) 名詞 ＋ be動詞 ＋ 名詞
または
形容詞 （〜が/は…だ）

日本語の が は に当たる言葉なしで表せる

の順で表す

① ② ③ ④ ⑤ ⑥ ⑦

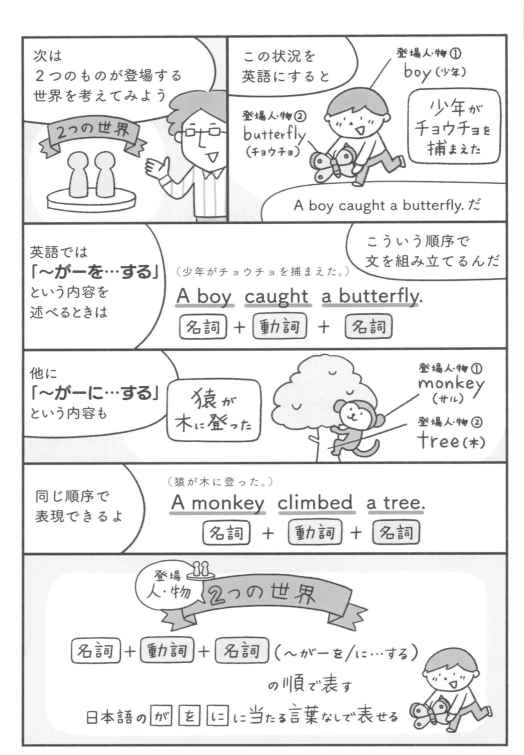

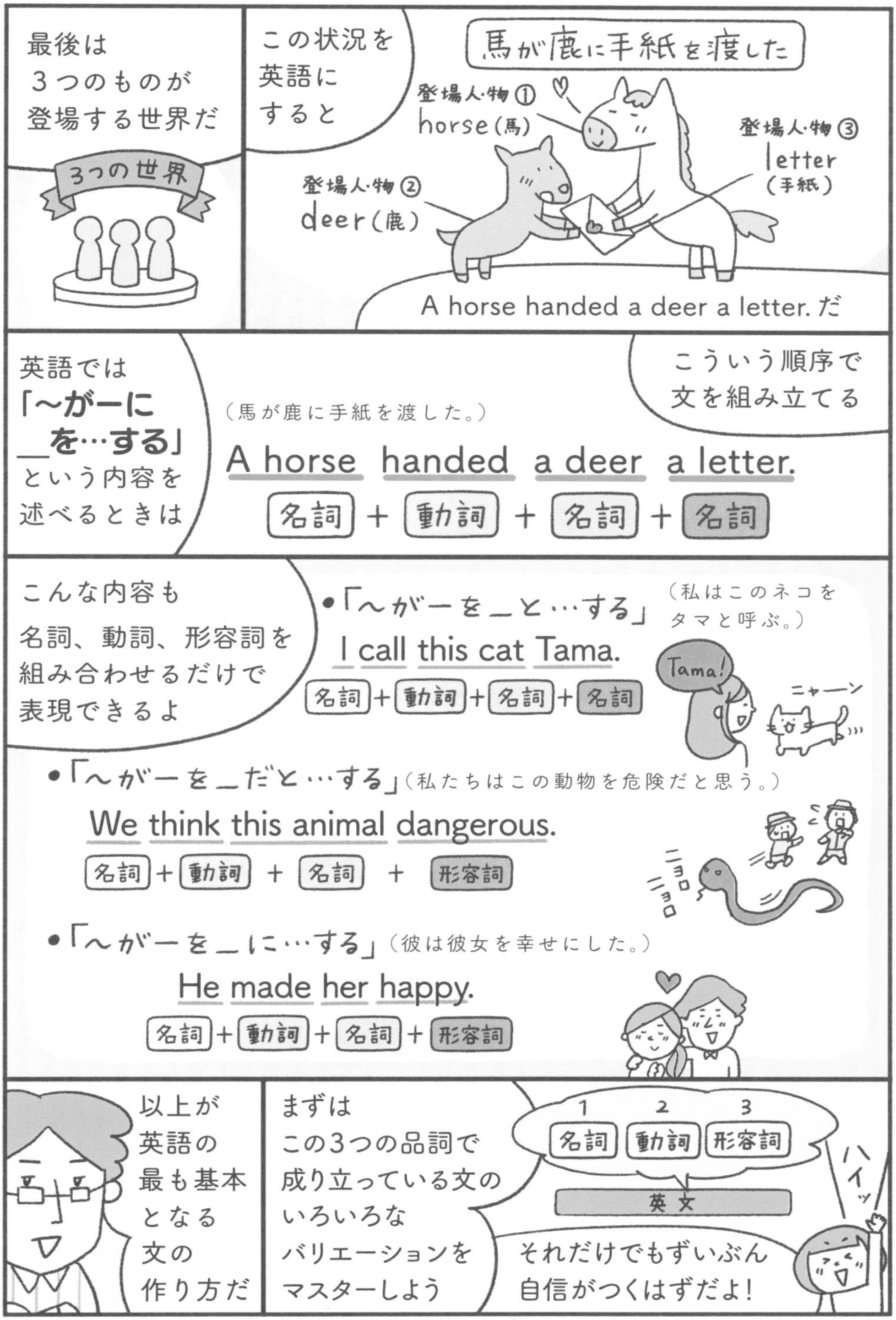

最後は
3つのものが
登場する世界だ

3つの世界

この状況を
英語に
すると

馬が鹿に手紙を渡した

登場人物①
horse（馬）

登場人物②
deer（鹿）

登場人物③
letter
（手紙）

A horse handed a deer a letter. だ

英語では
「～が―に
＿を…する」
という内容を
述べるときは

（馬が鹿に手紙を渡した。）

こういう順序で
文を組み立てる

A horse handed a deer a letter.

名詞 ＋ 動詞 ＋ 名詞 ＋ 名詞

こんな内容も
名詞、動詞、形容詞を
組み合わせるだけで
表現できるよ

●「～が―を＿と…する」

I call this cat Tama.

名詞＋動詞＋名詞＋名詞

（私はこのネコを
タマと呼ぶ。）

Tama!

ニャーン

●「～が―を＿だと…する」（私たちはこの動物を危険だと思う。）

We think this animal dangerous.

名詞＋動詞 ＋ 名詞 ＋ 形容詞

●「～が―を＿に…する」（彼は彼女を幸せにした。）

He made her happy.

名詞＋動詞＋名詞＋形容詞

以上が
英語の
最も基本
となる
文の
作り方だ

まずは
この3つの品詞で
成り立っている文の
いろいろな
バリエーションを
マスターしよう

1　2　3
名詞 動詞 形容詞

英文

ハイッ

それだけでもずいぶん
自信がつくはずだよ！

① ② ③ ④ ⑤ ⑥ ⑦

要点を確認してみる

日本語では、「が」「は」「を」「に」などの言葉を用いながら文を組み立てますが、英語では、名詞と動詞と形容詞を組み合わせるだけで、3つまでのものについて表現できます。

文型 ── 3つまでの世界を表現する

「1つの世界」を文で組み立てる。

1 1つのものについて「～が…する。」という内容を述べるには、「名詞 動詞 .」という順序で文を組み立てる。

▼例文で確認！

❶ Tom cried.（トムが泣いた）
　 名詞　動詞

❷ The robot danced.（そのロボットは踊った）
　 名詞　　　　動詞

ワンポイント!!

文頭の名詞が主語だ。日本語の文とは違って「が」や「は」などの言葉が加わっていないことが分かるね。

2 1つのものについて「～は－だ。」という内容を述べるには、「名詞 be動詞 名詞 .」または「名詞 be動詞 形容詞 .」という順序で文を組み立てる。

▼例文で確認！

❶ Jack is a doctor.（ジャックは医者だ）
　 名詞 動詞　名詞

❷ Meg is beautiful.（メグは美しい）
　 名詞 動詞　　形容詞

ワンポイント!!

be動詞はam,are,is,was,wereのこと。これらのbe動詞は、「何かが何かとイコールの関係にある」ということを示しているよ。

GOAL

「2つの世界」を文で組み立てる。

3 2つのものについて「〜が−を…する。」あるいは「〜が−に…する。」という内容を述べるには、「名詞 動詞 名詞 .」という順序で文を組み立てる。

▼ 例文で確認！

❶ My sons painted this picture.（私の息子たちがこの絵を描いた）
　　名詞　　　動詞　　　　名詞

❷ Meg reached the station.（メグはその駅に着いた）
　名詞　　動詞　　　名詞

ワンポイント!!

> いろいろな動詞がこの型で用いられるんだ。上の例文の動詞以外にも、例は山ほどあるよ。

「3つの世界」を文で組み立てる。

4 3つのものについて「〜が−に＿を…する。」という内容を述べるには、「名詞 動詞 名詞 名詞 .」という順序で文を組み立てる。

▼ 例文で確認！

❶ Ken gave his son a watch.（ケンは息子に時計をあげた）
　名詞　動詞　　名詞　　　名詞

❷ The man handed me a key.（その男性は私にカギを手渡した）
　　名詞　　　動詞　　名詞 名詞

ワンポイント!!

> この型で用いられる動詞の代表例は、give（与える）、hand（手渡す）、send（送る）、tell（告げる）など、「物や情報を与える」というニュアンスを含んでいるんだ。

① ② ③ ④ ⑤ ⑥ ⑦

5 次の内容の文は「名詞 動詞 名詞 名詞 .」または
「名詞 動詞 名詞 形容詞 .」という型の文で表すことができる。

❶「〜がーを＿と…する。」 ❷「〜がーを＿だと…する。」 ❸「〜がーを＿に…する。」

▼例文で確認！

❶ We call the boy Sam. (私たちはその少年をサムと呼ぶ)
　　名詞 動詞 　名詞 　　名詞

❷ They think the man a hero. (彼らはその男を英雄だと思っている)
　　名詞 　動詞 　　名詞 　　名詞

❸ John made Meg his secretary. (ジョンはメグを自分の秘書にした)
　　名詞 　動詞 　名詞 　　　名詞

明日の
打ち合わせは
10時からだ

ワンポイント!!

❸の例文のmakeは「作る」という意味ではなく、「する」という意味だ。同じ動詞でも、文ごとにいろいろな意味になりうるんだ。

（左縦書き）文型 ３つまでの世界を表現する

ドリルを解いてみる

1 空欄に正しいbe動詞を埋めて、その上に示された内容の文を完成させましょう。

(1) アレックスは詩人だ。

Alex ☐ a poet.

(2) 私の両親は長身だ。

My parents ☐ tall.

(3) 吾輩は猫である。

I ☐ a cat.

(4) その少女は病気だった。

The girl ☐ sick.

(5) 彼のメガネは濡れていた。

His glasses ☐ wet.

2 空欄に正しい動詞を埋めて、その上に示された内容の文を完成させましょう。動詞は語群から選んだうえで、必要があれば形を変えて用いてください。なお、それぞれの動詞は1度しか用いません。

(1) 熊が私の自転車を壊した。

A bear ☐ my bicycle.

(2) 父がその弁護士に会った。

My father ☐ the lawyer.

(3) 兄はスイカを切った。

My brother [   ] a watermelon.

(4) その女性は私の母のことを好きだった。

The lady [   ] my mother.

(5) 警官が車を停止させた。

A policeman [   ] a car.

［語群］ stop break cut like meet

3 次のカッコの内部を並べ替えて、その上に示された内容の文を完成させましょう。なお、動詞の形は変える必要があります。

(1) その少女が私にボールを投げた。
(me / the / throw / girl / ball / a).

_____

(2) 王さんが少年にメダルを手渡した。
(a / a / hand / Mr. Oh / medal / boy).

_____

(3) トムがポチに一切れの肉を与えた。
(give / meat / a / of / Pochi / Tom / piece).

_____

① ② ③ ④ ⑤ ⑥ ⑦

(4) 父が私たちにそのニュースを告げた。
(tell / us / father / my / news / the).

_____

(5) 私は彼に腕時計を送った。
(a / him / I / watch / send).

_____

4 次の文を英訳しましょう。

(1) 彼らはその塔をジャックと呼ぶ。

_____

(2) トムは自分の息子をボブと名づけた。

_____

5 次のカッコの内部を並べ替えて、その上に示された内容の文を完成させましょう。

(1) 私はその話を本当だと思う。
(story / think / I / true / the).

_____

(2) 彼らは彼女の成功を奇跡だと考えた。
(a / considered / her / they / miracle / success).

_____

３つまでの世界を表現する

6 空欄に正しい動詞を埋めて、その上に示された内容の文を完成させましょう。動詞は語群から選んだうえで、必要があれば形を変えて用いてください。なお、それぞれの動詞は１度しか用いません。

(1) リサは娘をひとりぼっちにしておいた。

Lisa [＿＿＿＿＿＿＿] her daughter alone.

(2) その学生たちは自分たちの教室をきれいにしておいた。

The students [＿＿＿＿＿＿＿] their classroom clean.

(3) ジョーはメアリーを妻にした。

Joe [＿＿＿＿＿＿＿] Mary his wife.

［語群］　make　leave　keep

答えあわせをしてみる

1 (1) Alex (is) a poet.　(2) My parents (are) tall.　(3) I (am) a cat.　(4) The girl (was) sick.　(5) His glasses (were) wet.

2 (1) A bear (broke) my bicycle.　(2) My father (met) the lawyer.　(3) My brother (cut) a watermelon.　(4) The lady (liked) my mother.　(5) A policeman (stopped) a car.

3 (1) The girl threw me a ball.　(2) Mr. Oh handed a boy a medal.　(3) Tom gave Pochi a piece of meat.　(4) My father told us the news.　(5) I sent him a watch.

4 (1) They call the tower Jack.
(2) Tom named his son Bob.

5 (1) I think the story true.　(2) They considered her success a miracle.

6 (1) Lisa (left) her daughter alone.　(2) The students (kept) their classroom clean.　(3) Joe (made) Mary his wife.

1

(1) 正解 Alex (is) a poet.
(2) 正解 My parents (are) tall.
(3) 正解 I (am) a cat.
(4) 正解 The girl (was) sick.
(5) 正解 His glasses (were) wet.

サワイ ここはまとめて解説しよう。セキヤさん、どうだった？

セキヤ 1問ミスしちゃいました。

サワイ (5)でしょう？

セキヤ 分かりました？

サワイ 多くの人が間違えるからね。

セキヤ だって、彼がかけているメガネって1つじゃないですか。だからwasかと思いました。

サワイ たしかにそう思うよね。でも1つのメガネにはガラスの部分が2つあるから、glass が複数形の glasses になっている。英語の世界では、メガネを「2つのガラス」と表現するんだね。

セキヤ 複数形だから、be動詞は was でなくて were を用いるということなんですね。

サワイ そう。

セキヤ あと、疑問点ではないんですけど、夏目漱石の小説『吾輩は猫である』を英語に訳すと、I am a cat. になるんですね。あっけないタイトルだなぁ。なんだか拍子抜けしちゃいますね。

サワイ 日本語は一人称がたくさんある。「私」「僕」「俺」「我」「我が輩（吾輩）」「拙者」などなど。でも、英語だと全部 I になるから、日本語の一人称ごとの雰囲気の違い、ニュアンスの違いが、英語にすると消えてしまうんだ。

セキヤ なるほど。でも英語を話すときには、いつでも一人称は I でいいから、この点はカンタンですね。

サワイ そう。でも逆に英語には、be 動詞の使い分けのような面倒もある。だからここで練習をしたんだ。

2

(1) 正解 A bear (**broke**) my bicycle.

サワイ この **2** では、「〜が〔は〕－を…する。」という文と、「〜が〔は〕－に…する。」という文を作れるかが問われている。(1)はできた？

セキヤ 「壊す」ではなく「壊した」なので、break を過去形にする、ということは分かったのですが、breaked としてしまいました。

サワイ break は、いわゆる不規則変化動詞だ。こういう動詞の過去形は、1つ1つ丁寧におぼえていくしかないんだ。

セキヤ はい。

(2) 正解 My father (**met**) the lawyer.

サワイ この文も、動詞は過去形で使う必要があるね。「会う」ではなく「会った」だから。

セキヤ はい。meet の過去形が met だとい

うのはおぼえてました。

サワイ 過去形だと e が1つだけになるんだね。

(3) 正解 My brother (**cut**) a watermelon.

サワイ cut の過去形は原形、つまり「辞書の見出しに載っている形」と同じだって知ってた？

セキヤ はい。cut や put や hit など、t で終わる単語は、原形と過去形が同じものが多い印象があります。

サワイ 他にも set や hurt（傷つける）、cast（投げる）なんかもそうだよ。

(4) 正解 The lady (**liked**) my mother.

サワイ like の過去形は大丈夫だった？

セキヤ はい。さすがに likeed はおかしいな、と思いました。

サワイ e で終わる語は、-ed ではなく、-d だけを加えるんだ。こういうのは不規則変化動詞ではなく、規則変化の中のちょっとした例外のようなものだよ。

(5) 正解 A policeman (**stopped**) a car.

セキヤ これも例外的な過去形ですね。

サワイ そう。「短い母音＋子音1つ」で終わる語は、語尾の子音を重ねたうえで、-ed を加えるんだ。母音は、a, e, i, o, u のことだね。stop の過去形は、stoped ではなく stopped になる。drop や step なんかもこのパターンだ。

3

(1) 正解 (1) **The girl threw me a ball**.

文型

３つまでの世界を表現する

👨サワイ この ③ では、「〜が［は］−に＿を…する」という内容を述べる練習をする。英語は、名詞と動詞の組み合わせだけで、その意味を出すことができるんだ。

😺セキヤ たしかに解答の文のどこにも、「が」「は」「に」「を」に当たる言葉がないですね。

👨サワイ さて、この文でも動詞は過去形で使わなくてはいけないね。throw の過去形の threw はできた？

😺セキヤ throwed としてしまいました。threw をおぼえます。

👨サワイ ところで、なんでこの文の女の子は一人なのに、a がないか分かる？

😺セキヤ the を使ったからです。

👨サワイ その通り。１日目に学んだことだね。

(2) 正解 Mr. Oh handed a boy a medal.

👨サワイ これはどうだった？

😺セキヤ できました。選択肢に a が２つあって、少し変な感じがしましたけど、boy も medal も可算名詞なので、両方に a が必要ですよね。

(3) 正解 Tom gave Pochi a piece of meat.

😺セキヤ give の過去形の gave はおぼえてました。

👨サワイ meat の前に a piece of は置けた？

😺セキヤ これも大丈夫でした。meat は物質なので、不可算名詞なのですね。

👨サワイ その通り。だから肉を数える場合は、容器・形・単位で数える。ちょっと例を挙げようか。

✓CHECK

✓容器で数える
a plate of meat（１皿の肉）

✓形で数える
a slice of meat（１枚の肉）
✓単位で数える
two kilograms of meat（２キロの肉）

👨サワイ ちなみに、不可算名詞を数える３つの方法、つまり「容器・形・単位」は、「よう・けい・たん」っておぼえればいい。「けい」は、「形」の音読みだね。

😺セキヤ よう・けい・たん、ですね。

👨サワイ リズムがいいし、何回か口にしているうちにおぼえるよ。

(4) 正解 My father told us the news.

👨サワイ tell の過去形の told は？

😺セキヤ これも書けました。

👨サワイ ＯＫ！

(5) 正解 I sent him a watch.

👨サワイ これはどうだった？

😺セキヤ sended としてしまいました。send の過去形は sent ですね。

👨サワイ ちなみに、送った時計が２個以上の場合は、watch を複数形にしなくてはならないけど、watch の複数形はちょっと注意が必要だって分かる？

😺セキヤ ch で終わるから「ソックス手中」の例ですね。-es を加えます。

👨サワイ いいね。watch の複数形は watches だ。さてここで、この ③ で出てきた動詞をちょっと見てみよう。throw と hand と give と tell と send だ。何か意味の共通点が見つかる？

😺セキヤ 誰かが誰かに何かを「あげる」という意味が多いですね。

👨サワイ そう。throw も投げ与えるのだし、tell だって情報を与えるということだから、

広い意味では全部「与える」という意味だと考えられる。だから、この③で扱った文については、次のようにまとめられる。

☑CHECK

✓広い意味で「与える」という意味をもつ動詞を用いて、「名詞」「動詞」「名詞」「名詞」という順に文を組み立てると、「〜が〔は〕－に＿を…する」という意味になる。

4

(1) 正解 They call the tower Jack.

サワイ ここはまず、まとめから入ろう。

☑CHECK

✓「呼ぶ」「名づける」という意味をもつ動詞を用いて、「名詞」「動詞」「名詞」「名詞」という順に文を組み立てると、「〜が〔は〕－を＿と…する」という意味になる。

サワイ この④では、この知識が問われているんだ。

セキヤ この問題はできたんですけど、callは「電話をする」という意味のイメージが強いです。

サワイ もちろんcallは、I called him.（私は彼に電話をした）というような文でも使われるけど、この(1)のような「名詞」「動詞」「名詞」「名詞」という型でも使われる。2つ以上の型で使われる動詞もすごく多いんだ。このことはしっかりとおぼえておいてほしい。

☑CHECK

✓2つ以上の型で用いられる動詞も多い。

セキヤ はい。

(2) 正解 Tom named his son Bob.

セキヤ こっちの問題のほうが取り組みやすかったです。

サワイ name も call と同じで、「名詞」「動詞」「名詞」「名詞」の語順で使うと「〜が〔は〕－を＿と…する」という意味になる。

5

(1) 正解 I think the story true.

サワイ ここもまずはまとめよう。

☑CHECK

✓「思う」「考える」という意味をもつ動詞を用いて、「名詞」「動詞」「名詞」「名詞」または「名詞」「動詞」「名詞」「形容詞」という順に文を組み立てると、「〜が〔は〕－を＿だと…する」という意味になる。

サワイ セキヤさん、この(1)はどうだった？

セキヤ これはできました。

(2) 正解 They considered her success a miracle.

サワイ これも全体が「〜が〔は〕－を＿だと…する」という意味をもつ文だ。her success と a miracle の前にも後にも、「を」や「だと」に当たる言葉が置かれてないのに、その意味が出てくる。

セキヤ ラクに英文が作れますね。単語が少なくていいから。

サワイ でも、読むときや聴くときは大変だよ。

セキヤ なんでですか？

サワイ だって自分で考えて、「が」「は」「を」「だと」などの言葉を補いながら理解しなきゃならないでしょ。

セキヤ なるほど。たしかに。

サワイ ラクに作った文は、読む人や聴く人にとってはツラい文であることが多いんだ。

文型 3つまでの世界を表現する

6

(1) 正解 Lisa (**left**) her daughter alone.

(2) 正解 The students (**kept**) their classroom clean.

(3) 正解 Joe (**made**) Mary his wife.

サワイ ここも最初にまとめるね。

✓CHECK

✓「する」「しておく」という意味をもつ動詞を用いて、「名詞 動詞 名詞 名詞」または「名詞 動詞 名詞 形容詞」という順に文を組み立てると、「～が［は］ーを__に…する」という意味になる。

サワイ 問題は、keep, leave, make の使い分けができるかだ。セキヤさん、どうだった？

セキヤ (3)はできました。(1)と(2)を逆にしてしまいました。

サワイ まとめておこう。

✓CHECK

✓keep：ーを__にしておく

※行為者の努力によって「しておく」

✓leave：ーを__にしておく

※放ったままに「しておく」

✓make：ーを__にする

サワイ 娘をひとりぼっちに「しておく」のに努力は必要？　それとも放っておいたという状況？

セキヤ 放っておいたということです。

サワイ そうだよね。だから(1)はleaveを

用いる。過去形の left でね。じゃあ、教室は放っておいて清潔な状態が保てる？

セキヤ 保てません。綺麗に「しておく」には掃除が必要です。

サワイ そう。だからこっちが keep だ。keep の過去形は kept。じゃあ今日はこれでおしまい！

③日目

文型②・前置詞

4つ以上の世界を表現する

文型・前置詞

4つ以上の世界を表現する

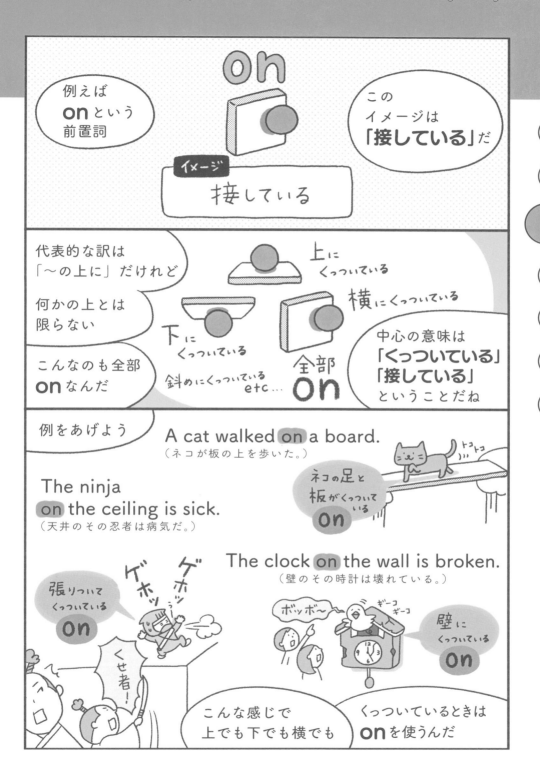

4つ以上の世界を表現する

他の代表的な前置詞も あげておくね

へぇー面白い!

in

2次元　3次元

イメージ　ワクの中

in the sky
（空で）

at

イメージ　点

at a bus stop
（バス停で）

on

イメージ　接している

on a truck
（トラックの上で）

to

到達

イメージ　〜に向かって

a letter to you
（あなたへの手紙）

from

イメージ　ある起点から

from a chimney
（煙突から）

under

イメージ　〜の下で（に）

under ground
（地下で）

below

イメージ　〜よりも低いところに

below a tree
（木の下に）

GOAL

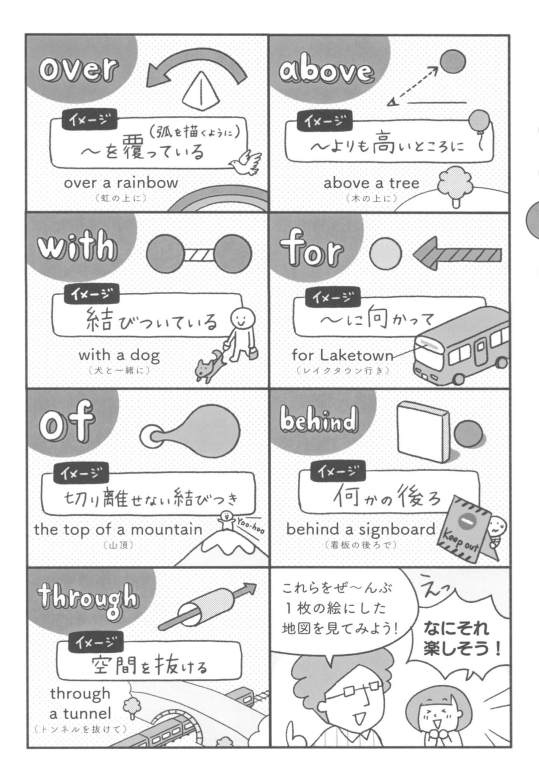

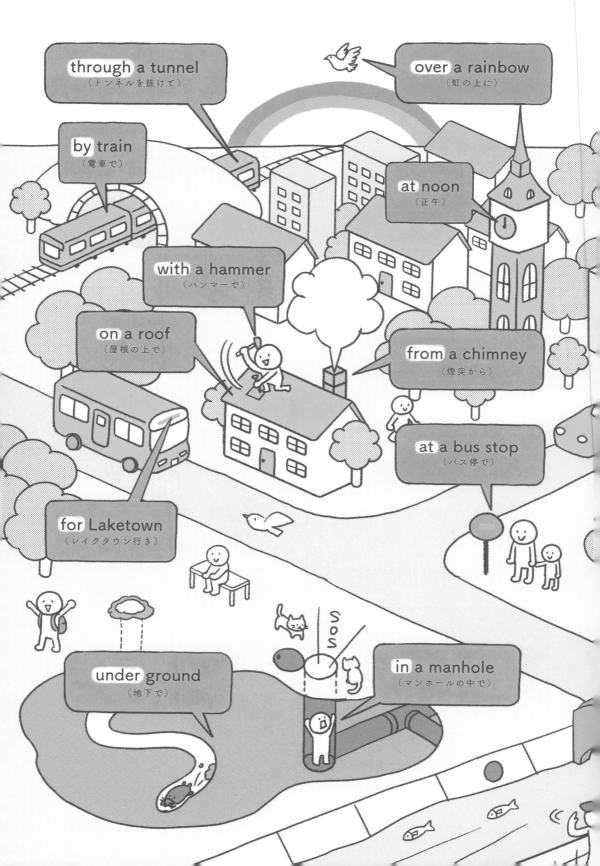

要点を確認してみる

英語には前置詞という品詞があります。前置詞を用いることによって、4つ以上の人や物が登場する文を作ることができます。また、前置詞なしの文では表現できなかった多くの内容を述べることもできます。

前置詞のルールと文の作り方をおさえる。

I 前置詞は後ろに名詞をともなってセットではたらく。

▼イメージ図で確認！

前置詞 ── セットではたらく ── 名詞

前置詞

ワンポイント!!

名詞の「前」に「置」かれるから、「前置詞」という名前なんだね。

2 このセットは「名詞」または「動詞」を後ろから修飾する。

▼イメージ図で確認！

❶名詞を修飾する

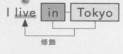

名
The man in my car is Jack.
　　　　　　修飾

（私の車の中の男はジャックだ）

❷動詞を修飾する

動
I live in Tokyo
　　　　修飾

（私は東京に住んでいる）

ワンポイント!!

前置詞と名詞のセットは、この図のように後ろから修飾するのが基本だけど、動詞を修飾する場合は、前から修飾する場合もあるんだ。

GOAL

3 同じ前置詞でも、名詞を修飾する場合と動詞を修飾する場合で訳が異なる。

▼例文で確認！

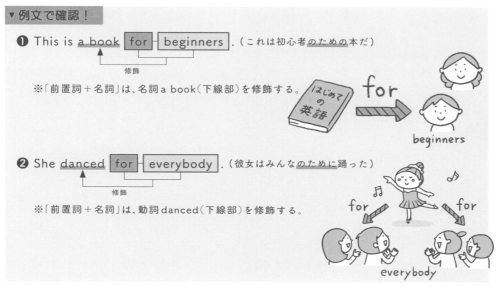

❶ This is a book for beginners . (これは初心者のための本だ)

修飾

※「前置詞＋名詞」は、名詞 a book（下線部）を修飾する。

❷ She danced for everybody . (彼女はみんなのために踊った)

修飾

※「前置詞＋名詞」は、動詞 danced（下線部）を修飾する。

ワンポイント!!

名詞を修飾する場合の訳は、「の」という言葉で終わることが多いよ。

4 それぞれの前置詞については、中心となるイメージがある。

▼前置詞	▼中心となるイメージ	▼前置詞	▼中心となるイメージ
in	ワクの中	over	〜を覆っている
at	点	above	〜よりも高いところに
on	接している	with	結びついている
to	〜に向かって	for	〜に向かって
from	ある起点から	of	切り離せない結びつき
under	〜の下で（に）	behind	何かの後ろ
below	〜よりも低いところに	through	空間を抜ける

ワンポイント!!

それぞれの前置詞のイメージ図はP.56-P.57に掲載しているよ。

ドリルを解いてみる

1 次の英文を下線部が修飾する箇所に注意して和訳しましょう。

(1) I heard this news <u>from my father</u>.

_____

(2) This is a report <u>from London</u>.

_____

(3) A cat jumped <u>behind a curtain</u>.

_____

(4) The man <u>behind me</u> was my son.

_____

(5) John escaped <u>through this door</u>.

_____

(6) The view <u>through the telescope</u> was fantastic.

_____

2 空欄に入る正しい前置詞を語群から選び、その上に示された内容の文を完成させましょう。

(1) 彼はボールを箱に入れた。

He put a ball ⬜ a box.

(2) 私たちは3時50分にその町を去った。

We left the town ⬚ 3:50.

(3) ボブは青森に行った。

Bob went ⬚ Aomori.

(4) 彼女はナイフを皿に置いた。

She put a knife ⬚ a plate.

(5) 私は息子にイスを作った。

I made a chair ⬚ my son.

［語群］　on　in　for　at　to

3 空欄に入る正しい前置詞を語群から選び、その上に示された内容の文を完成させましょう。

(1) 私たちは3年間パリで暮らした。

We lived ⬚ Paris for three years.

(2) その警官はサムをバス停で逮捕した。

The police officer arrested Sam ⬚ a bus stop.

(3) その少女たちは舞台で歌った。

The girls sang ⬚ a stage.

(4) 彼女はナイフでそのリンゴを切った。

She cut the apple ⬚ a knife.

［語群］　on　with　at　in

① ② ③ ④ ⑤ ⑥ ⑦

4 空欄に入る正しい前置詞を語群から選び、その上に示された内容の文を完成させましょう。

(1) 壁の時計は壊れている。

The clock _____ the wall is broken.

(2) これは123号室のカギだ。

This is the key _____ Room 123.

(3) 白いシャツの男はボブです。

The man _____ the white shirt is Bob.

(4) これは頭痛の薬だ。

This is medicine _____ headaches.

(5) 彼は私の学校の先生だ。

He is a teacher _____ my school.

(6) 彼は歴史の先生だ。

He is a teacher _____ history.

［語群］ on for at in to of

5 空欄に入る正しい前置詞を語群から選び、その上に示された内容の文を完成させましょう。

(1) 彼女は毛布を赤ちゃんの上にかけた。

She put a blanket _____ her baby.

(2) 彼はコンビニの上のアパートに住んでいる。

He lives in an apartment [   ] a convenience store.

(3) そのネコたちは橋の下に住んでいる。

The cats live [   ] a bridge.

(4) 飛行機から、私たちは眼下に[＝自分たちの下に]海を見た。

From the airplane we saw the sea [   ] us.

［語群］ over　below　above　under

6 次の英文を和訳しましょう。

(1) She wrote the novel in English.

_____

(2) George died of cancer.

_____

(3) I know a couple with six children.

_____

(4) We danced to the song.

_____

(5) Through the experience I learned the importance of peace.

_____

① ② ③ ④ ⑤ ⑥ ⑦

答えあわせをしてみる

1 (1) 私はこのニュースを父から聞いた。 (2) これはロンドンからの報告だ。 (3) ネコがカーテンの後ろで跳ねた。 (4) 私の後ろの男は私の息子だった。 (5) ジョンはこのドアを通って逃げた。 (6) 望遠鏡越しの景色は素晴らしかった。

2 (1) He put a ball (in) a box. (2) We left the town (at) 3:50. (3) Bob went (to) Aomori. (4) She put a knife (on) a plate. (5) I made a chair (for) my son.

3 (1) We lived (in) Paris for three years. (2) The police officer arrested Sam (at) a bus stop. (3) The girls sang (on) a stage. (4) She cut the apple (with) a knife.

4 (1) The clock (on) the wall is broken. (2) This is the key (to) Room 123. (3) The man (in) the white shirt is Bob. (4) This is medicine (for) headaches. (5) He is a teacher (at) my school. (6) He is a teacher (of) history.

5 (1) She put a blanket (over) her baby. (2) He lives in an apartment (above) a convenience store. (3) The cats live (under) a bridge. (4) From the airplane we saw the sea (below) us.

6 (1) 彼女はその小説を英語で書いた。 (2) ジョージはがんで死んだ。 (3) 私は６人の子供がいる夫婦を知っている。 (4) 私たちはその歌に合わせて踊った。 (5) その経験を通じて私は平和の大切さを学んだ。

GOAL

1

(1) 正解 私はこのニュースを父から聞いた。

(2) 正解 これはロンドンからの報告だ。

😀サワイ じゃあ３日目に入ろう。この 1 は２題ずつ解説するよ。(1)と(2)の文では、ともに from が使われているんだけど、「from ＋名詞」が修飾する品詞が違うんだ。セキヤさん、それぞれの「from ＋名詞」はどこを修飾していると思う？

😊セキヤ (1)は heard で、(2)は report です。

😀サワイ そう。(1)は動詞の heard を修飾して、(2)は名詞の report を修飾する。こういうふうに、修飾する品詞が違う場合は、「前置詞＋名詞」の和訳が違ってくるんだ。セキヤさん、２つの下線部を訳してみて。

😊セキヤ はい。(1)の下線部は「お父さんから」、(2)は「ロンドンからの」です。

😀サワイ いいね。同じ from 〜 でも、動詞を修飾する場合は「〜から」だけど、名詞を修飾する場合は「〜からの」となる。「の」が加わるんだ。

😊セキヤ ややこしいですね。

😀サワイ ちょっとね。だから「前置詞＋名詞」を訳す場合は、どの品詞を修飾しているかを慎重に見極めて、正しく訳さなくてはならない。

(3) 正解 ネコがカーテンの後ろで跳ねた。

(4) 正解 私の後ろの男は私の息子だった。

😀サワイ それぞれの下線部はどこを修飾してる？

😊セキヤ (3)の behind a curtain は動詞の jumped です。(4)の behind me は名詞の man です。

😀サワイ そう。だから(3)は「カーテンの後ろで」という訳になって、(4)は「私の後ろの」になるんだ。(4)は名詞を修飾するから「の」が要る。 (2)と同じだね。

😊セキヤ はい。

(5) 正解 ジョンはこのドアを通って逃げた。

(6) 正解 望遠鏡越しの景色は素晴らしかった。

😀サワイ これも下線部はそれぞれ、動詞と名詞を修飾するね。

😊セキヤ はい。(5)の下線部は動詞の escaped を修飾します。(6)は名詞 view を修飾します。

😀サワイ そう。ただ今回は、名詞を修飾する場合の訳に、少し工夫が必要になる。(5)の下線部は「このドアを通って」だ。これは問題ない。(6)の下線部は、(2)や(4)のように訳すと、「望遠鏡を通っての」となる。そして文全体は「望遠鏡を通っての景色は素晴らしかった」となるけど、セキヤさん、この訳は日本語としてどう？

😊セキヤ 変です。

😀サワイ だよね。じゃあ、どう工夫しようか。

😊セキヤ 「望遠鏡を通しての景色は素晴らしかった」はどうでしょう？　ん〜、まだちょっとぎこちないかな。

😀サワイ 少し違和感があるね。「望遠鏡越しの景色は素晴らしかった」はどう？

😊セキヤ いいです！

😀サワイ こんなふうに、「前置詞＋名詞」の部分を訳す際には、少し工夫が必要な場合が少なくないんだ。

2

(1) 正解 He put a ball （ in ） a box.

😊セキヤ 同じ「に」でも、いろいろな前置詞が

使われるんですね。

😊サワイ そう。だからちゃんと前置詞ごとの意味を考えながら用いなくてはならない。この「箱に」は、「箱の中に」という意味だ。

😊セキヤ はい。

😊サワイ だから、箱というワクの中に入れた、という意味の前置詞を使う。

😊セキヤ 「ワクの中」を意味する前置詞はinですね。

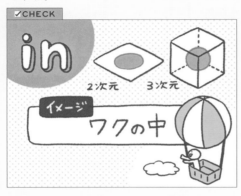

(2) 正解 We left the town（ at ）3:50.

😊サワイ この「3時50分に」は、「3時50分という時点に」という意味だ。

😊セキヤ だから「点」を表す前置詞のatを使うというわけですね。

😊サワイ その通り。

(3) 正解 Bob went（ to ）Aomori.

😊サワイ この文のto Aomoriは「青森という到達点に」という意味だ。ここでtoとforについての知識の補足をするね。

😊セキヤ はい。

😊サワイ 両方とも「〜に向かって」という意味をもつんだけど、toは「到達」のニュアンスを含むんだ。「ボブは青森に行った」ということは、青森に到達してる？

😊セキヤ してます。だからtoなんですね。

😊サワイ forについては、「〜ために」「〜ための」という目的の意味をもつということも知ってほしいな。

😊セキヤ はい。

(4) 正解 She put a knife（ on ）a plate.

😊サワイ 「彼女はナイフを皿に置いた」の「皿に」は、「皿の中に」という意味？

😊セキヤ 「中に」という感じはしないです。

😊サワイ ナイフをプレートに置くとナイフとプレートはどうなる？

😊セキヤ くっつきますね。

😊サワイ そう。接することになる。「接する」を意味する前置詞は？

😊セキヤ onですね。

✓CHECK

on

イメージ
接している

(5) 正解 I made a chair (**for**) my son.

😺サワイ「私は息子にイスを作った」の「息子に」は、「息子のために」という意味だ。

😺セキヤ「ために」はforでしたよね。いま習ったばかりです。

3

(1) 正解 We lived (**in**) Paris for three years.

😺セキヤ「で」もいろんな前置詞で表されるんですね。

😺サワイ そう。だから1つ1つの文の意味をしっかり考える。

😺セキヤ そして、その意味にふさわしい前置詞を使う、ということですね。

😺サワイ その通り。「パリで」は「パリという地域の中で」という意味だ。

😺セキヤ「地域」は「ワク」ですよね。

😺サワイ それが分かれば、in を用いることが理解できるはずだ。

(2) 正解 The police officer arrested Sam (**at**) a bus stop.

😺サワイ「バス停で」は、「バス停というワクの中で」という感じがする？

😺セキヤ いえ、「ワク」ではないですね。

😺サワイ そう。「バス停という地点で」という意味だ。

😺セキヤ「点」なのでatですね。

(3) 正解 The girls sang (**on**) a stage.

😺サワイ「ステージで歌った」という場面では、歌った人の足と、ステージはどうなってる？

😺セキヤ くっついてます。だからonですね。

(4) 正解 She cut the apple (**with**) a knife.

😺サワイ「ナイフで切った」「棒で叩いた」「針で刺した」というように道具を使う場合、ナイフ、棒、針とそれを使う人は一体化しているね。

😺セキヤ はい。だからこの問題の「ナイフで」の「で」を表すには、with を使うんですね。

✓CHECK

with

イメージ
結びついている

😺サワイ そう。さて、ここで少しオマケの知識。次の文を見てほしい。

Bob went to Aomori by train.
（ボブは電車で青森に行った）

😺セキヤ「電車で」の「で」は、by なんですね。

① ② ③ ④ ⑤ ⑥ ⑦

文型・前置詞

４つ以上の世界を表現する

サワイ うん。この by は「道具」という意味ではなく、「手段」のニュアンスだ。「電車という手段で」という意味だね。この場合は、with のように使用者と一体化していない。

セキヤ たしかに乗客と電車は一体化してないですよね。

サワイ 手とナイフみたいな一体感はないよね。

セキヤ ところで、なんで train が裸で使われているんですか？　電車って「１台、２台」って数えられると思うんですけど。

サワイ たしかにね。じゃあ別の例で説明しよう。たとえば「沖縄に船で行く」という場合、具体的な物体としての、個としての１つの船舶をイメージする？

セキヤ いえ。しません。

サワイ しないよね。「船便で」「水路で」という意味の「船で」だ。この場合の「船」は、具体的な個としての船ではなく、交通手段としての船だ。具体的でないもの、抽象的なものは不可算名詞なのだから、この場合の「船で」は by ship となる。ship を不可算名詞として、裸で使う。

セキヤ by train の train も同じ、というわけですね。

サワイ そうなんだ。

4

(1) 正解 The clock (on) the wall is broken.

サワイ セキヤさん、日本語の「の」に当たる英語の前置詞って、真っ先に何が思い浮かぶ？

セキヤ of です。

サワイ そうだよね。でも、「の」を英語に訳すときに、必ず of が用いられるわけじゃな

いんだ。この(1)は on だ。

セキヤ 壁と時計が接しているからですね。

サワイ その通り！

(2) 正解 This is the key (to) Room 123.

サワイ これは難しかったでしょう。

セキヤ はい。(1)の on はできましたが、この to は出てきませんでした。

サワイ to には「到達」の意味があるということをさっき知ったよね。カギはドアノブのところに到達して、カギ穴に入って機能するでしょ。

セキヤ なるほど。だから to なのですね。

(3) 正解 The man (in) the white shirt is Bob.

サワイ これはできた？

セキヤ これもできませんでした。

サワイ 「白いシャツの男」→「白いシャツを着た男」→「男はシャツというワクの中に入っている」というふうに考える。ワクを表す前置詞は？

セキヤ in ですね。

サワイ そう。だから in を使う。「〜を着た」という意味は in で表せるんだ。

(4) 正解 This is medicine (for) headaches.

サワイ 「頭痛の薬」は、「頭痛を治すための薬」という意味だ。

セキヤ 「ための」を意味する前置詞は for でしたね！

サワイ そう。目的の意味だね。

(5) 正解 He is a teacher (at) my school.

(6) 正解 He is a teacher（ of ）history.

😊サワイ 最後の２問はまとめて解説しよう。「私の学校の先生」と「歴史の先生」、両方とも「〜の先生」だけど、「〜」の部分の意味が違うよね。

😊セキヤ はい。「私の学校」は、教えている場所で、「歴史」は科目です。

😊サワイ そうだよね。「私の学校の先生」は、「私の学校という地点で教えている先生」という意味だと考えることができる。点を表す前置詞は？

😊セキヤ at ですね。

😊サワイ そう。だから「私の学校の先生」は a teacher at my school となる。同じように考えて「早稲田の教授」はどうなる？ 「教授」を表す英単語は professor だ。

😊セキヤ a professor at Waseda ですね。

😊サワイ 正解。次に「歴史の先生」は、「歴史という科目を教えている先生」という意味だ。歴史の先生の頭の中には、歴史の知識がいっぱい詰まってるよね。

😊セキヤ ええ。

😊サワイ 歴史の先生と歴史の知識は、切っても切り離せない。切り離せない結びつきを表す前置詞は？

😊セキヤ of です。

😊サワイ そう。だからこの問題では of を用いることになるんだ。

😊セキヤ それにしても、「の」を表す前置詞は多いですね。

😊サワイ うん。特にね。でも「に」も「で」も多かったよね。2 からこの 4 までで学んだ大切なことをまとめよう。

✓CHECK

✓日本語が同じでも、英語にすると単語が同じになるとは限らない。意味をしっかり考えながら英訳をする必要がある。

😊セキヤ はい。しっかり注意します！

5

(1) 正解 She put a blanket（ over ）her baby.

(2) 正解 He lives in an apartment（ above ）a convenience store.

😊サワイ ここは(1)と(2)をまとめて解説するよ。over と above はともに「上」を表す前置詞なんだけど、ちょっと意味が違う。over は「（弧を描くように）〜を覆っている」のイメージだ。

😊セキヤ 毛布は人を覆うものだから、(1)は over なのですね。

😊サワイ そう。一方、above にそのニュアン

スはない。単に、ある点よりも上ということ。

🗨セキヤ▶ 覆いかぶさらなくていいんですか。

🗨サワイ▶ そうなんだ。だから、あるものより上の地点にあれば、横にズレていてもaboveを用いることができる。

🗨サワイ▶ じゃあここで、「コンビニの上のアパート」を考えよう。彼のアパートの部屋って、コンビニを覆ってる？ たとえば1階がコンビニで、2階に201号室から203号室があるとして、彼がそのうちのどこかに住んでいるというような状況を考えてみて。

🗨セキヤ▶ 覆っている感じはしないですね。

🗨サワイ▶ そうでしょう。(2)は、単に「コンビニの上の場所に住んでいる」という意味の文だからaboveを使うんだ。

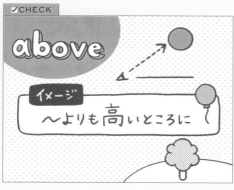

(3) 正解 The cats live (under) a bridge.

(4) 正解 From the airplane we saw the sea (below) us.

🗨サワイ▶ under と above もまとめて扱う。これは、ちょうど over と above の正反対なんだ。under は「覆う」ではなく「覆われている」。below は？

🗨セキヤ▶ above がある地点よりも単に上、ということを表すので、below はある地点よりも単に下、ということを表すのですね。

🗨サワイ▶ その通りだ。さて、橋の下に住んでいるネコは、橋に覆われている？

🗨セキヤ▶ はい。橋に覆われて暮らしているから、雨もしのげます。

🗨サワイ▶ じゃあ、飛行機の窓から下に海が見える、というような場合に、海は飛行機に覆われている？

🗨セキヤ▶ 覆われていません。

🗨サワイ▶ だよね。海は単に「飛行機より下の地点にある」ということ。だからbelowを用いるんだ。ここで、改めて(4)を見てみよう。

From the airplane we saw the sea below us.

文頭の from the airplane の部分に着目してほしい。セキヤさん、これはどこを修飾している？

文型・前置詞

4つ以上の世界を表現する

GOAL

🌐セキヤ「飛行機から」という意味ですから、saw（見た）を修飾します。

😊サワイ だよね。「前置詞＋名詞」が動詞を修飾する場合、こんなふうに「前からの修飾」であることもあるんだ。イメージ図を示すね。

✓CHECK

前置詞 ── 名詞 ── 動詞

修飾

😊サワイ 最後に、belowの例をもう1つ挙げておこう。

The temperature is below zero.
（気温は零下だ）

😊サワイ 温度計のメモリがゼロよりも「上にある」「下にある」というような時に、「覆っている、覆われている」という感覚はある？

🌐セキヤ ありませんね。単に上下のどちらかだけの話です。

😊サワイ そうだよね。だからこういう場合も above と below を用いるんだ。

6

(1) 正解 **彼女はその小説を英語で書いた。**

😊サワイ この 6 では、前置詞は、決して分かりやすい意味だけで用いられるわけではないということを学ぼう。まずはinだけど、2 で見た He put a ball in a box. という文では、inは「箱」という物体の中に入っているということを示している。

🌐セキヤ すごく分かりやすい文です。

😊サワイ そうだよね。だけどこの文、つまり She wrote the novel in English. という文のinは、「物体の中」ということを表しているわけではない。

🌐セキヤ はい。

😊サワイ 言ってみれば、「英語という世界の中で」「英語という枠組みの中で」という意味だ。分かりやすいinの用法からは少しズレてるよね。

🌐セキヤ はい。でもこの問題は大丈夫でした。

(2) 正解 **ジョージはがんで死んだ。**

🌐セキヤ この文は理解できませんでした。「がんの死んだ」では変だし……。

😊サワイ ofの意味は「切り離せない結びつき」だよね。

🌐セキヤ はい。

😊サワイ この文は、「ジョージとがんは切り離せない関係になって、それが原因で死んだ」というような考えかたもできる。

🌐セキヤ それなら「がんで死んだ」という意味になるのが納得できます。

(3) 正解 **私は6人の子供がいる夫婦を知っている。**

😊サワイ I know a couple with six children. という文を見て、with six children の部分は、どの部分に対する修飾語だと思った？

🌐セキヤ 最初は動詞の know を修飾するのだと思いました。

😊サワイ そうだよね。たとえば I sang a song with six children. という文なら、with six children は動詞 sang を修飾する。「私は6人の子供と一緒に歌を唄った」という意味だ。

🌐セキヤ はい。この文は分かりやすいです。

😊サワイ でも (3) の文は、それではうまくいかない。そこで、with six children は、名詞の couple を修飾するのではないかと考える。ぜひ次のことを知ってほしい。

✓CHECK

✓「前置詞＋名詞」を動詞に対する修飾語だと判断してうまくいかない場合は、名詞に対する修飾語ではないかと考えてみる。逆に、名詞に対する修飾語だと

① ② ③ ④ ⑤ ⑥ ⑦

考えてうまくいかない場合は、動詞に対する修飾語である可能性を疑う。

🐱サワイ with six children を、名詞の couple に対する訳だと考えた場合、文の訳はどうなるだろう？　with 〜は、動詞を修飾する場合の訳は「〜と一緒に」だけど、名詞を修飾する場合は「〜と一緒の」だ。

🐱セキヤ「私は 6 人の子供と一緒の夫婦を知っています」となります。

🐱サワイ だよね。つまり、この夫婦には……。

🐱セキヤ 6 人の子供がいるんですね！

🐱サワイ そう。だから訳は「私は 6 人の子供がいる夫婦を知っている。」となるんだ。

(4)　正解 私たちはその歌に合わせて踊った。

🐱サワイ これは難しかったでしょう。

🐱セキヤ はい。「歌に踊った」は変ですし。

🐱サワイ 踊る人の意識が歌に行き、そのリズムで踊ったということだ。

🐱セキヤ そういうふうに説明されると「歌に合わせて踊った」という訳になることが納得できます。

(5)　正解 その経験を通じて、私は平和の大切さを学んだ。

🐱セキヤ これはできました。

🐱サワイ through the experience の部分がポイントだ。through を使った文は、1 で次の 2 つを見たよね。

John escaped through this door.
The view through the telescope was fantastic.

through のイメージは「空間を抜ける」だ。

文型・前置詞

4つ以上の世界を表現する

✓CHECK
through
イメージ 空間を抜ける

🐱セキヤ はい。

🐱サワイ この 2 つの文では、本当に物体をくぐりぬけている。でも、比喩的に、つまりたとえ話として「くぐりぬけた」というような場合でも、through は使われる。

🐱セキヤ なるほど。

🐱サワイ ところでセキヤさん、この (5) の文、つまり Through the experience I learned the importance of peace. という文で、登場する物や人の数は全部でいくつ？

🐱セキヤ えぇと、まず experience、次に I、あとは importance と peace。4 つですね。

🐱サワイ そう。前置詞を用いれば、こういうふうに、4 つ以上の物や人について述べる文を作ることができるんだ。

🐱セキヤ 5 つでも 6 つでも？

🐱サワイ うん。文の中で用いていい前置詞の数に制限はないからね。前置詞をたくさん使うことによって、登場人物や登場するものがたくさんの文を作ることができるんだ。じゃあ今日はここで終わりにしよう。今日もよく頑張りました！

GOAL

4 日目

修飾語・助動詞

表現を豊かにする

修飾語・助動詞

表現を豊かにする

今日は表現を豊かにする学習をしていこう

これらをマスターすると物や状況をくわしく描写したり

表現にキモチをのせて伝えたりすることができるようになるんだ

具体的には　この3つを扱うよ

| 形容詞 | 副詞 | 助動詞 |

修飾語になる

まずは**形容詞**から見ていこう

That cute girl is Lisa.
（あのかわいい女の子はリサだ。）

I bought a black car.
（私は黒い自動車を買った。）

この例文の場合 cute と black が形容詞だ

これらが後ろの名詞をくわしく説明している つまり修飾しているね

こんなふうに形容詞を修飾語として使えると

文が豊かに

あの女の子はリサだ
あの**かわいい**女の子はリサだ

私は自動車を買った
私は**黒い**自動車を買った

豊かになってる〜

より豊かな内容を表現できるようになるんだ

使い方はこうだ おぼえておいてね

形容詞が修飾するもの
名詞

| 形容詞 | 名詞 |

修飾

前から

形容詞は名詞を修飾する

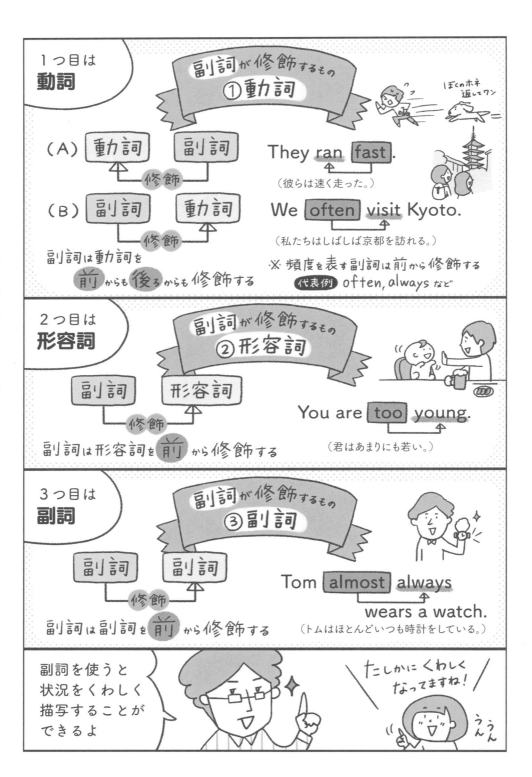

STEP.1

要点を確認してみる

形容詞・副詞などの修飾語や助動詞をマスターすると、物や状況をくわしく描写したり、表現にキモチをのせて伝えたりすることができるようになります。これらの使い方をおさえ、表現を豊かにしましょう。

修飾語・助動詞

表現を豊かにする

物や状況を豊かに描写する。

1　形容詞は前から名詞を修飾する。

▼例文で確認！

❶ Her long hair is beautiful.（彼女の長い髪は美しい）
　　　　形 長い　名 髪

❷ This is an expensive watch.（これは高価な時計だ）
　　　　　　　　形 高価な　　名 時計

ワンポイント!!

longとexpensiveが形容詞だ。これらが後ろの名詞をくわしく説明している。このように、他の語句をくわしく説明することを「修飾する」というよ。

2　副詞は前後から動詞を修飾する。

▼例文で確認！

❶ The man slowly pushed the button.（その男性はゆっくりとそのボタンを押した）
　　　　　　副 ゆっくりと　動 押した

❷ Tom sang beautifully.（トムは美しく歌った）
　　　　動 歌った　　副 美しく

ワンポイント!!

❶の例文ではslowlyが前から動詞pushedを修飾し、❷の例文ではbeautifullyが後ろから動詞sangを修飾しているね。

3 「頻度」を表す副詞は前から動詞を修飾する。ただし、動詞がbe動詞である場合は後ろから修飾する。

▼ 例文で確認！

❶ My father [sometimes] uses my bicycle.
　　　　　　 副ときどき　　動使う

（父はときどき私の自転車を使う）

❷ This shop is [sometimes] closed.
　　　　　　 動である　副ときどき

（この店はときどき閉まっている）

ワンポイント!!

「頻度」を表す副詞であるsometimesは❶の例文では動詞の前に、❷の例文ではbe動詞の後ろに置かれていることをチェックしよう。動詞がbe動詞の場合は、後ろからの修飾になっているね。

4 副詞は前から形容詞を修飾する。

▼ 例文で確認！

❶ This novel is [very] long.
　　　　　　 副とても　形長い

（この小説はとても長い）

❷ I was [completely] exhausted.
　　　　 副すっかり　　形疲れている

（私はすっかり疲れていた）

ワンポイント!!

veryとcompletelyが副詞だ。修飾されている形容詞はlongとexhaustedだね。例文のように、副詞は形容詞の前に置き、前から形容詞を修飾するんだ。

修飾語・助動詞

表現を豊かにする

5 副詞は前から副詞を修飾する。

▼ 例文で確認！

❶ Tom sang │ very │ beautifully.
動 歌った　　副 とても　副 美しく
（トムはとても美しく歌った）

❷ My mother walked │ too │ slowly.
動 歩いた　　　　副 あまりにも　副 ゆっくり
（母はあまりにもゆっくり歩いた）

ワンポイント‼

> beautifullyとslowlyは、動詞のsangとwalkedを修飾するから副詞だ。そしてbeautifullyとslowlyを修飾しているのがveryとtooだ。文法の世界では、副詞を修飾する語も副詞だよ。

表現にキモチをのせて伝える。

6 助動詞は動詞の前に置き、動詞を原形にする。

▼ 例文で確認！

❶ My daughter │ can │ speak Spanish.
　　　　　　　　助 できる　原形
（私の娘はスペイン語を話せる）

❷ He │ may │ live in this town.
　　助 かもしれない 原形
（彼はこの町に住んでいるのかもしれない）

Adiós.　Hasta luego.

ワンポイント‼

> canとmayが助動詞だ。後ろの動詞がspeaksやlivesとなっていないことに着目しよう。どちらも動詞の原形だね。原形というのは、辞書で「見出し語」として載っている形のことだよ。

GOAL

7 助動詞はキモチ（話者の主観的な考え）を表現できる。

▼代表的な助動詞	▼おもな意味
can	～できる（可能），～でありうる（可能性）
will	～つもりだ（意志・予定），～だろう（推量）
may	～かもしれない（推量）
must	～しなくてはならない（義務），～にちがいない（推量）
should	～するべきだ（義務）

ワンポイント!!

この5つが助動詞の代表選手。助動詞は動詞を助け、意味を加える言葉なんだ。助動詞の主な役割は、表現にキモチ（話者の主観的な考え）をのせて伝えることなんだ。

④

8 助動詞の過去形を用いることによって、よりひかえめにキモチを述べることができる。

▼例文で確認！

❶ This would be Meg's bag.
　　　 will の過去形
（これはメグのバッグだろう）

❷ He might win this race.
　　　 may の過去形
（彼はこのレースに勝つかもしれない）

❸ This could be somebody's pet.
　　　 can の過去形
（これは誰かのペットでありうる）

ワンポイント!!

❶の例文のwouldはwillの過去形で、❷の例文のmightはmayの過去形、❸の例文のcouldはcanの過去形だ。これらを使うことによって、よりひかえめに「～だろう（かもしれない）」という推量を表すことができるんだ。

ドリルを解いてみる

1 次の英文を※の指示にしたがって書き換えましょう。

(1) Tom caught a butterfly.（トムはチョウチョを捕まえた）
　　※「トムは<u>小さな</u>チョウチョを捕まえた」という意味になるように書き換える。

_____

(2) My father gave me a watch.（父は私に時計をくれた）
　　※「父は私に<u>青い</u>時計をくれた」という意味になるように書き換える。

_____

(3) This park is a treasure for us.（この公園は私たちにとっての宝だ）
　　※「この<u>美しい</u>公園は私たちにとっての宝だ」という意味になるように書き換える。

_____

2 空欄に入る正しい語句を語群から選び、その上に示された内容の文を完成させましょう。

(1) そんなに早口でしゃべるなよ。

　　Don't speak so ☐ .

(2) その猿は突然、石を投げた。

　　The monkey ☐ threw a stone.

(3) その女性は上品にケーキを食べた。

　　The lady ate cake ☐ .

(4) その男性はジャックの案を強く支持した。

The man ⬚ supported Jack's idea.

(5) 私の祖父母はここに住んでいた。

My grandparents lived ⬚ .

(6) 私は一度、大阪でツチノコを見た。

I ⬚ saw a tsuchinoko in Osaka.

[語群] once　here　suddenly　elegantly　fast　strongly

3 次の文を英訳しましょう。その際、(　　)に示されている副詞を用いてください。

(1) 私の父は普段は帽子をかぶっている。(usually)

_____

(2) 私の父は普段は忙しい。(usually)

_____

(3) 私の祖母はめったにビールを飲まなかった。(rarely)

_____

(4) 私の祖母はめったにネガティブでなかった。(rarely)

_____

① ② ③ ④ ⑤ ⑥ ⑦

表現を豊かにする

4 次の英文を※の指示にしたがって書き換えましょう。その際、語群から適切な語を選んで用いてください。

(1) This watch is expensive.（この時計は高価だ）
　　※「この時計はあまりにも高価だ」という意味になるように書き換える。

_____

(2) Meg was an honest person.（メグは正直な人物だった）
　　※「メグは本当に正直な人物だった」という意味になるように書き換える。

_____

(3) Lisa swam slowly.（リサはゆっくり泳いだ）
　　※「リサはかなりゆっくり泳いだ」という意味になるように書き換える。

_____

(4) We worked hard.（私たちは懸命に働いた）
　　※「私たちはとても懸命に働いた」という意味になるように書き換える。

_____

［語群］　very　fairly　really　too

5 次の文を英訳しましょう。その際、助動詞を用いてください。

(1) 私たちは明日、コンサートに行くつもりです。

_____

(2) このロボットは踊ることができる。

_____

(3) 君はこの町を去るべきだ。

_____

(4) 私たちは中国語をマスターしなければならない。

_____

(5) 彼のお父さんはハンサムであるにちがいない。

_____

(6) 彼女には4人の子供がいるのかもしれない。

_____

(7) この話は本当である可能性がある。
   ※助動詞の過去形を用いる。

_____

① ② ③ ④ ⑤ ⑥ ⑦

6 次の英文の助動詞の形を変え、よりひかえめな表現になるように書き換えましょう。

(1) That person will be his father.（あの人は彼の父親だろう）

_____

(2) Tom can solve this problem.（トムはこの問題を解ける）

_____

(3) The president may be sick.（社長は病気なのかもしれない）

_____

答えあわせをしてみる

1 (1) Tom caught a (small) butterfly.　(2) My father gave me a (blue) watch.　(3) This (beautiful) park is a treasure for us.

2 (1) Don't speak so (fast).　(2) The monkey (suddenly) threw a stone.　(3) The lady ate cake (elegantly).　(4) The man (strongly) supported Jack's idea.　(5) My grandparents lived (here).　(6) I (once) saw a tsuchinoko in Osaka.

3 (1) My father usually wears a hat.　(2) My father is usually busy.　(3) My grandmother rarely drank beer.　(4) My grandmother was rarely negative.

4 (1) This watch is (too) expensive.　(2) Meg was a (really) honest person.　(3) Lisa swam (fairly) slowly.　(4) We worked (very) hard.

5 (1) We will go to a concert tomorrow.　(2) This robot can dance.　(3) You should leave this town.　(4) We must master Chinese.　(5) His father must be handsome.　(6) She may have four children.　(7) This story could be true.

6 (1) That person (would) be his father.　(2) Tom (could) solve this problem.　(3) The president (might) be sick.

1

(1) 正解 Tom caught a (**small**) butterfly.

🐵サワイ この問題は名詞である butterfly の前に、small を置けるがが問われているね。

🐵セキヤ これはできました。

🐵サワイ 形容詞は a と名詞の間に置くんだ。a の前に置かないように気をつけてね。

🐵セキヤ はい。ところで、small は little でもいいですか？

🐵サワイ いいよ。a small butterfly も、a little butterfly もほとんど同じ意味だ。

(2) 正解 My father gave me a (**blue**) watch.

🐵セキヤ これも、修飾語の形容詞を加えるという問題ですね。

🐵サワイ そう。この問題はどうだった？

🐵セキヤ これも大丈夫でした。

(3) 正解 This (**beautiful**) park is a treasure for us.

🐵セキヤ この問題もできたんですけど、1つ気になったことがあります。this beautiful park を、beautiful this park としてはダメですか？　日本語では「この美しい公園も」「美しいこの公園」もOKですよね。

🐵サワイ たしかに日本語だと両方とも大丈夫だね。次のことを覚えてほしい。

> ✓CHECK
>
> ✓"a, the, this, that, my, our, his, her, their, its ＋名詞"という表現に対して形容詞を加える場合は、形容詞は間に置く。

🐵セキヤ 全部の具体例が見たいです。

🐵サワイ ＯＫ！

> ✓CHECK
>
> ✓a tall building（高いビル）

✓an easy problem（簡単な問題）

✓the cute cat（そのかわいいネコ）

✓this wide space（この広い空間）

✓that black car（あの黒い車）

✓my favorite song（私のお気に入りの歌）

✓our old house（私たちの古い家）

✓his beautiful voice（彼の美しい声）

✓her long hair（彼女の長い髪）

✓their excellent performance
　（彼らの優れた演技）

✓its snowy top
　（その雪に覆われた頂上）

2

(1) 正解 Don't speak so (**fast**).

🐵サワイ 「早口で」は、動詞の「しゃべる」を修飾するね。動詞を修飾する語は副詞だ。「速く」を意味する副詞の fast を選べば正解。

🐵セキヤ fast って「速い」という意味の形容詞で覚えてました。たとえば fast food みたいに、名詞を修飾する例で覚えてたんですけど、副詞なんですか？

🐵サワイ これはいい質問。ただ解説は少し待ってね。(4)の解説のところで説明しましょう。

🐵セキヤ はい。

(2) 正解 The monkey (**suddenly**) threw a stone.

🐵サワイ 「突然」は、動詞の「投げた」を修飾する副詞だね。この意味をもつ副詞は？

🐵セキヤ suddenly ですね。

(3) 正解 The lady ate cake (**elegantly**).

🐵サワイ 「上品に」は、動詞の「食べた」を修飾する。「上品に」の意味をもつ語を選ぼう。

① ② ③ ④ ⑤ ⑥ ⑦

セキヤ elegantly です。

サワイ セキヤさん、この単語は知ってた？

セキヤ いえ、日本語で「エレガントな女性」なんて言ったりするので、elegant は知ってましたけど、elegantly は知りませんでした。

(4) 正解 The man (**strongly**) supported Jack's idea.

サワイ 「強く」は、動詞の「支持した」を修飾する。「強く」を意味する副詞は strongly だ。セキヤさん、副詞の strongly は知らなかったかもしれないけど、形容詞の strong は知ってたんじゃない？

セキヤ はい。形容詞に -ly を加えたら副詞になるんですか？

サワイ たしかにそういう場合も多い。でも、fast みたいに、同じ単語のまま、2つの品詞を兼ねるものも少なくないよ。

セキヤ fast は形容詞でも副詞でもあるんですね！

サワイ そう。これがさっきの質問の答えなんだ。この内容は、形容詞と副詞を記憶するときに役立つ知識だからまとめておこう。

☑CHECK
> ✓-ly を加えることによって副詞になる形容詞が多い。
> ✓「形容詞かつ副詞」の語も多い。

セキヤ 「形容詞かつ副詞」の例を、fast 以外にも見たいです。

サワイ OK。例文で示すね。

☑CHECK
> ✓I caught an early train.
> （私は早い時間の列車に乗った）
> ※early は名詞 train を修飾する形容詞。
> ✓I arrived at the town early.
> （私は早くにその町に着いた）

※early は動詞 arrived を修飾する副詞。
> ✓The wall is high.（その壁は高い）
> ※high は be 動詞の後ろで用いられている形容詞。
> ✓They jumped high.
> （彼らは高く跳ねた）
> ※high は動詞 jump を修飾する副詞。

セキヤ early は副詞だけだと思ってました。逆に、high は形容詞だけだと思ってました。

サワイ どちらかと言えば、high のように「形容詞であるだけでなく、実は副詞でもある」というパターンのほうが多いね。他にもたとえば late, straight なんかもそうだね。じゃあセキヤさん、辞書で late と straight を引いてみて。品詞のマークに注目しよう。

セキヤ late にも straight にも、形のマークと副のマークの両方があります！

サワイ そうでしょう。late には、「遅い」という形容詞の意味だけでなく、副詞としての「遅く」の意味もある。straight には、形容詞の「まっすぐな」という意味だけでなく、副詞としての「まっすぐに」という意味もあるんだ。

セキヤ そもそも、辞書にきちんと品詞が載っていることを知りませんでした。辞書の情報をしっかり活用します。

(5) 正解 My grandparents lived (**here**).

サワイ 「ここに」を意味する副詞は here だ。「ここで」と訳すこともあるけどね。

セキヤ live の後ろに in を置いて、My grandparents lived in here. としてはダメですか。

サワイ here や there、あるいは home や abroad などは、「に」「で」の意味が含まれている。だからこの語だけで動詞を修飾する

修飾語・助動詞

表現を豊かにする

ことができる。前置詞は不要なんだ。

セキヤ なるほど。だから「家に帰る」がgo to homeではなく、go homeなのですね。

サワイ そう。「海外に行く」もgo to abroadではなく、go abroadでいい。toは不要だ。

(6) 正解 I (once) saw a tsuchinoko in Osaka.

サワイ 「1回」「かつて」という意味のonceも早めにマスターしよう。

セキヤ はい！

サワイ せっかくだから「2回」「3回」「4回」を表す表現といっしょに知ってほしいからまとめるね。

> ☑CHECK
>
> ✓1回 : once
> ✓2回 : twice
> ✓3回 : three times
> ✓4回 : four times

セキヤ 3回以上は「〜 times」となるんですね。

サワイ そう。よく使う表現だからぜひ覚えよう！

3

(1) 正解 **My father usually wears a hat.**

(2) 正解 **My father is usually busy.**

サワイ この3は、2問ずつまとめて解説するね。まず(1)と(2)だけど、この2文では、同じ副詞のusuallyが使われているのに、動詞との位置関係が違うよね。

セキヤ はい。(1)では動詞の前にusuallyがあり、(2)では動詞の後ろにあります。

サワイ そう。usuallyは「普段は」「いつもは」という意味で、頻度を表す副詞だ。頻度

というのは、物事が繰り返して起こる度合いのことだね。頻度を表す副詞は、「一般動詞の前、be動詞の後ろ」という位置で用いる。

セキヤ ところで、私は「かぶっている」を英語にするとwearになるということが思いつきませんでした。wearは「着ている」というイメージしかなかったです。

サワイ 「かぶる」だけでなく、メガネを「かけている」や、ネクタイや時計を「している」も、靴を「はいている」もwearだよ。

セキヤ 身につけていればぜんぶwearで表現できるんですね。

サワイ まさにそう。だからwearという単語は、「着ている」ではなく「身につけている」という訳で覚えればいいんだ。

セキヤ なるほど。そのほうが応用がききますね！

(3) 正解 **My grandmother rarely drank beer.**

(4) 正解 **My grandmother was rarely negative.**

サワイ rarelyも頻度を表す副詞なんだけど、セキヤさん知ってた？

セキヤ いえ。

サワイ でも、お宝鑑定なんかの番組やゲームなどで「レアなもの」とかいう言葉は聞いたことがあるでしょ？

セキヤ はい。あっ、なるほど。「レア」はrareで、これに-lyが加わった語がrarelyなんですね。

サワイ そう。「めったに〜ない」という意味の副詞だ。これも頻度を表す副詞だね。

セキヤ だからusuallyと同じように、ここでも一般動詞の前、be動詞の後ろに置かれているというわけなんですね。

サワイ その通り！ ところでセキヤさん、

頻度を表す副詞って他に何か思いつく？

セキヤ う〜ん、often と always なんかどうですか。

サワイ いいね。代表例を挙げておこう。

> **☑CHECK**
> ✓always（いつも）
> ✓usually（普段は、普通は）
> ✓normally（普段は、普通は）
> ✓frequently（頻繁に）
> ✓often（しばしば、よく）
> ✓sometimes（ときどき）
> ✓occasionally（たまに）
> ✓rarely（めったに〜ない）
> ✓seldom（めったに〜ない）
> ✓never（一度も〜ない、決して〜ない）

修飾語・助動詞

表現を豊かにする

4

(1) 正解 This watch is (**too**) expensive.

サワイ この 4 では、形容詞や副詞に対して修飾語を加えるという話を扱う。修飾語を置く位置は？

セキヤ 形容詞、副詞の前ですね。

サワイ そう。too expensive は、「あまりに」という意味の副詞 too が、後ろの形容詞を修飾しているね。

セキヤ はい。これはできました。

(2) 正解 Meg was a (**really**) honest person.

サワイ これも、副詞が形容詞を修飾している例だけど、形容詞のはたらきがさっきとちょっとちがう。どうちがうか分かる？

セキヤ う〜ん。何だろう……。

サワイ さっきの文では、形容詞はそこで文が終わってた。だけどこの文では、副詞に修飾されている形容詞が、さらに名詞の

person を修飾している。

セキヤ 本当ですね！　修飾語が連続してますね。

サワイ そう。同じパターンのものを他にもいくつか示すね。

> **☑CHECK**
> ✓very beautiful girls（とても美しい女の子たち）
> ※副詞の very が形容詞の beautiful を修飾し、beautiful が名詞の girls を修飾する。
> ✓a slightly odd story（少し奇妙な物語）
> ※副詞の slightly が形容詞の odd を修飾し、odd が名詞の story を修飾する。
> ✓almost all boys（ほとんどすべての少年たち）
> ※副詞の almost が形容詞の all を修飾し、all が名詞の boys を修飾する。

(3) 正解 Lisa swam (**fairly**) slowly.

セキヤ この fairly という語は知りませんでした。

サワイ fair は「フェアプレー」の「フェア」に当たる語だ。「公平な」という意味。

セキヤ それなら fairly は「公平に」という意味じゃないんですか？

サワイ その意味もある。だけど「かなり」という意味もあって、こっちも重要なんだ。じゃあセキヤさん、この文では fairly はどの語を修飾してる？

セキヤ slowly です。

サワイ そうだね。副詞の slowly を修飾している。そして副詞を修飾する語も、文法の世界では副詞なんだ。だからこの fairly も副詞だ。

(4) 正解 We worked (**very**) hard.

セキヤ これはできました。

サワイ very はどこを修飾する？

セキヤ 副詞の hard を修飾します。very も副詞ですね。

GOAL

サワイ その通り！

5

(1) 正解 We will go to a concert tomorrow.

サワイ この5のテーマは助動詞だね。助動詞は動詞の前に置いて、動詞の意味を助けて、動詞に意味を添えるものなんだ。

セキヤ 意味を加えるという点では修飾語に近いですね。

サワイ そう。だから今日は修飾語と助動詞をまとめて扱ってるんだ。じゃあまずはwillから。

セキヤ この問題はできました。

サワイ 意志・予定の意味のwillは、頻繁に使われるよね。

セキヤ はい。よく見たり聞いたりします。

(2) 正解 This robot can dance.

サワイ 今度は可能を表すcanだ。

セキヤ これも大丈夫でした。

(3) 正解 You should leave this town.

(4) 正解 We must master Chinese.

サワイ この2つはまとめて扱うね。同じ意味のグループだから。

セキヤ 同じ意味のグループ？

サワイ うん。「するべき」も「しなければならない」も、義務の意味だと言えるよね。

セキヤ たしかにそうですね。それぞれshouldとmustですね！

(5) 正解 His father must be handsome.

(6) 正解 She may have four children.

サワイ この2つも同じ意味のグループだ。「違いない」と「かもしれない」とだけど、ど

んな言葉でまとめられる？

セキヤ 予想 推測 あたりですか？

サワイ いいね。ここでは推量という言葉でまとめておこう。「違いない」という強い推量がmustで、「かもしれない」はmayだ。ちなみに、willにも推量の意味があるのだけど、これについては次の6で話をするね。

(7) 正解 This story could be true.

サワイ canには「ありえる」「しうる」という、可能性の意味もあるんだ。可能の意味に加えてね。

セキヤ canの意味は可能と可能性なんですね。

サワイ そう。でもここでは「助動詞の過去形を用いる。」という指示があるから、couldを使う。

セキヤ canとcouldでは意味がちがうんですか？

サワイ その質問には、次の6で答えよう。

6

(1) 正解 That person (would) be his father.

サワイ 動詞だけでなく、助動詞にも過去形がある。でも助動詞の過去形は、動詞の過去形とは用法がちょっとちがうんだ。

セキヤ どうちがうんですか？

サワイ 動詞の過去形はどういう場合に使う？

セキヤ もちろん、過去のことを表すために使います。

サワイ そうだよね。それが過去形のメインの用法だ。でも助動詞の過去形は、丁寧さを表したり、ひかえめに述べるために用いられることが、すごく多いんだ。

セキヤ willをwouldに変えれば「丁寧・ひ

かえめ」になるのですね。

サワイ その通り。この That person would be his father. という文は、will を用いた文よりも、やわらかな、ひかえめな推量になってるんだ。

修飾語・助動詞

表現を豊かにする

(2) 正解 Tom **could** solve this problem.

セキヤ could は can の過去形ですね。さっき出てきました。

サワイ そう。これを用いることによって、Tom can solve this problem. よりもひかえめな言い方になる。他人がある問題を解けるかどうかなんて、実際にはよくわからないことのほうが多いよね。

セキヤ はい。

サワイ can solve だと「解ける」という言い切りになってしまうけど、could にすれば「トムなら解けるんじゃないかなぁ」というニュアンスが出てきて、ひかえめな感じになるんだ。言い切るのを避けることができる。

セキヤ 上品な感じですね。

サワイ なるほど、そういうとらえ方もできるかもね。

(3) 正解 The president **might** be sick.

サワイ 次は may の過去形の might。

セキヤ 人様がご病気であるかどうかということも、あまり言い切らないほうがいいことも多いですよね。

サワイ そうだよね。他人の身体のことや家の事情なんかは、特に慎重な物の言い方が要求される場面が多い。そういう話題をするときのためにも、would, could, might を知っておいてね。

セキヤ はい。

サワイ 7日目で扱う「疑問文」と関連する

用法なんだけど、次のようなものも知っておいてほしい。

☑CHECK

❶ Can you help me?
❷ Could you help me?
❸ Will you help me?
❹ Would you help me?

セキヤ ぜんぶ「私を助けてくれますか？」という意味ですか？

サワイ そう。❶の can は 可能 の意味だ。「あなたは私を助けられる状況にいますか？」ということを尋ねている文で、実際には「助けてください」と依頼するために用いられることが多い文だ。

セキヤ ❶よりも❷のほうが、丁寧な依頼の仕方だ、というわけですね。

サワイ その通り。❸の will は 意志 の意味だ。「あなたは私を助ける意志を持ってくれていますか？」ということを尋ねている文で、これも普通は「助けて下さい」と依頼するために用いられる文だ。

セキヤ これも、❷のほうが「丁寧・ひかえめ」な表現というわけですね。

サワイ そうなんだ。❸は 命令 に近いニュアンスになりえるから、ぜひ❹を用いるようにしてほしい。特に❷と❹は早めにマスターしてほしいな。

セキヤ はい。今すぐおぼえます。

サワイ 「今すぐ」、いいね！ じゃあ今日はこれで終わります。

5 日目

be動詞の4つの役割

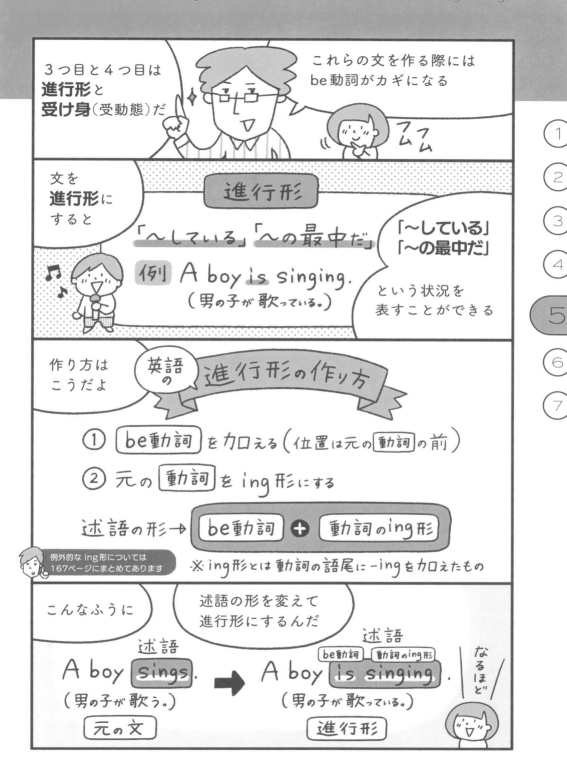

要点を確認してみる

5日目はbe動詞のはたらきを扱います。be動詞は多彩な役割をになう動詞です。今日の講義で、一気にbe動詞を攻略することにしましょう。

be動詞は4つの役割をもつ。

1 主語が、ある「名詞」や、ある「状態」と「イコールの関係」にあるということを示す。

もしもし パパー

▼例文で確認！

❶ My mother is a singer. （私の母は歌手だ）
　　Ⓐ　　　　　　　　　Ⓑ

❷ He was busy. （彼は忙しかった）
　　Ⓐ　　　　Ⓑ

※Ⓐ＝Ⓑが成立している

ワンポイント!!

現在のことであれば、be動詞は「現在形」を用い、過去のことであれば「過去形」を用いるよ。このルールは、以下の 2・3・4 にもあてはまるんだ。

2 あるものが「存在する」ということを示す。

Hello, Joe

▼例文で確認！

❶ I talked with Joe on the phone yesterday. He is in Kobe now.
（私は昨日ジョーと電話で話しました。彼は今、神戸にいます）

あるものについて、ゼロから話題にする場合は、次のような表現になる。

▼例文で確認！

❶ There is a big clock in my bedroom.
（私の寝室には大きな時計がある）

❷ There were ten ants in the box.
（その箱の中には10匹のアリがいた）

ワンポイント!!

「There ＋ be動詞 ＋存在するもの」という語順で示すよ。

GOAL

3 あるものが「〜している」ということを示す（進行形）。

▼例文で確認！

❶ Saki is dancing on the stage.
（サキはステージの上で踊っている）

❷ My mother was swimming with a cat.
（母がネコと泳いでいた）

ワンポイント!!

進行形は主語の後ろに be動詞 を置き、その次に 動詞のing形 を置くよ。

4 あるものが「〜される」「〜されている」と
いうことを示す（受動態）。

▼例文で確認！

❶ Bob is respected by his wife. （ボブは妻から尊敬されている）

❷ The car was destroyed by a bear. （その車はクマに破壊された）

ワンポイント!!

主語の次に be動詞 を置き、その次に 動詞の過去分詞形 を置くんだ。

過去分詞形の動詞の後ろに名詞または形容詞があるパターンは、次のような表現になる。

▼例文で確認！

❶ Meg was told the news by Tom.
（メグはトムからそのニュースを告げられた）

❷ The baby is called Ken by his parents.
（その赤ちゃんは両親からケンと呼ばれている）

❸ Jack is considered a genius by everybody.
（ジャックはみんなから天才だと思われている）

❹ The boy was left alone by them.
（その少年は彼らからひとりぼっちにされた）

ワンポイント!!

過去分詞形の動詞の後ろにある名詞、形容詞は、「を」「と」「だと」「に」のうち、
適切な言葉を選んで添えて訳すとうまくいくよ。

 ①
 ②
③
④
5
⑥
⑦

ドリルを解いてみる

受動態・進行形

be動詞の4つの役割

1 次のカッコの内部を並べ替えて、その上に示された内容の文を完成させましょう。

(1) このライトはとても明るい。
(very / bright / this / is / light).

_____

(2) 壇上の女性たちは医者だ。
(doctors / are / stage / the / ladies / the / on).

_____

(3) その町はあまりにも危険だった。
(town / dangerous / the / too / was).

_____

(4) これらは父からの手紙だ。
(father / are / these / letters / from / my).

_____

2 次の日本語文を、与えられた状況をふまえたうえで英訳しましょう。

(1) 僕はここだよ！　※「どこにいるの？」と尋ねられて

_____

(2) 母は今、パリにいるんだ。　※「君のお母さんは元気？」と尋ねられて

_____

(3) 君のバッグはあの木の下にあるよ。　※「僕のバッグはどこ？」と尋ねられて

_____

(4) あなたの靴はあの箱の中にあります。　※「私の靴はどこ？」と尋ねられて

---

3 次のカッコの内部を並べ替えて、その上に示された内容の文を完成させましょう。なお、カッコ内のbeは適切な形に変える必要があります。

(1) 君の車の上にネコがいるよ。
(on / there / cat / be / car / a / your).

---

(2) 天井に3匹のハエがいる。
(ceiling / there / on / flies / three / the / be).

---

(3) 子供時代、この公園に大きな岩があった。
In my childhood, (big / this / there / park / a / rock / be / in).

---

(4) 10年前、この町には5つの映画館があった。
Ten years ago, (this / five / be / movie / town / in / there / theaters).

---

4 次の空欄の中に適切な語を入れて、その上に示された内容の文を完成させましょう。

(1) 今、僕はテレビを観ているんだ。
I ⬚ ⬚ TV now.

(2) 多くの男の子が彼女の歌を聴いていた。
Many boys ⬚ ⬚ to her song.

①
②
③
④
⑤
⑥
⑦

(3) 息子たちは風呂場で靴を洗っています。

My sons ☐ ☐ their shoes in the bathroom.

(4) 母はキッチンでシチューを作っています。

My mother ☐ ☐ stew in the kitchen.

(5) トムは今、寝ているのかもしれない。

Tom ☐ ☐ ☐ now.

受動態・進行形
be動詞の4つの役割

5 次の空欄の中に適切な語を入れて、その上に示された内容の文を完成させましょう。

(1) この絵はピカソによって描かれた。

This picture ☐ ☐ by Picasso.

(2) 彼のバッグはいつも秘書に携行されている。

His bag ☐ ☐ ☐ by his secretary.

(3) この道具は、有名な科学者によって発明された。

This tool ☐ ☐ by a famous scientist.

(4) 僕はよく母から怒られる。

I ☐ ☐ ☐ by my mother.

6 次の文を受動態（受け身）にしましょう。

(1) Tom repaired this watch.

(2) In the 19th century, America invaded Mexico.

(3) Bob always supports me.

(4) Tom sent Mary a ring. ※ Mary を主語にした受け身の文を作ること。

(5) Everybody considers him a hero.

1
2
3
4
5
6
7

7 次の文を和訳しましょう。

(1) I was handed a letter by a girl.

(2) His room was always kept clean by his wife.

(3) The cat was named Tama by the girl.

(4) I was paid ten dollars by the man.

答えあわせをしてみる

be動詞の4つの役割

1 (1) This light is very bright. (2) The ladies on the stage are doctors. (3) The town was too dangerous. (4) These are letters from my father.

2 (1) I am here! (2) My mother is in Paris now. (3) Your bag is under that tree. (4) Your shoes are in that box.

3 (1) There is a cat on your car. (2) There are three flies on the ceiling. (3) In my childhood, there was a big rock in this park. (4) Ten years ago, there were five movie theaters in this town.

4 (1) I (am)(watching) TV now. (2) Many boys (were) (listening) to her song. (3) My sons (are) (washing) their shoes in the bathroom. (4) My mother (is)(making) stew in the kitchen. (5) Tom (may)(be)(sleeping) now.

5 (1) This picture (was)(painted) by Picasso. (2) His bag (is) (always)(carried) by his secretary. (3) This tool (was) (invented) by a famous scientist. (4) I (am) (often) (scolded) by my mother.

6 (1) This watch was repaired by Tom. (2) In the 19th century, Mexico was invaded by America. (3) I am always supported by Bob. (4) Mary was sent a ring by Tom. (5) He is considered a hero by everybody.

7 (1) 私は女の子から手紙を手渡された。 (2) 彼の部屋はいつも彼の妻によってきれいにされていた。 (3) そのネコはその女の子からタマと名づけられた。 (4) 私はその男性から10ドルを支払われた。

1

(1) 正解 **This light is very bright**.

😀サワイ これは light（光）と bright（明るい）のちがいがわかって、修飾語の very を bright の前に置ければ大丈夫だよね。

😊セキヤ はい。副詞の very が、後ろにある形容詞の bright を修飾するのですね。

😀サワイ そう。4日目に扱った内容だ。

(2) 正解 **The ladies on the stage are doctors**.

😀サワイ ladies の後ろに、まずは on the stage を置いて、そのあとに be 動詞を置く。この順番がポイントだ。on the stage をこの位置に置くことによって、「壇上に」ではなく「壇上の」という意味が出せる。つまり、前にある名詞に対する修飾語になるんだ。

😊セキヤ はい。ここは少し迷いましたけど、3日目に訓練したので、なんとかできました。

😀サワイ be は are に変えることができた？

😊セキヤ これも最初は is にしましたけど、ladies が複数形なので are にしなきゃいけないって気づきました。

(3) 正解 **The town was too dangerous**.

😀サワイ （1）と同じ構造の文だよ。

😊セキヤ ほんとだ。

😀サワイ 過去の話なので was を用いる。そして副詞の too（あまりに）が、形容詞の dangerous（危険な）を修飾するので、「too＋dangerous」の順番に並べることに注意をしながら、文を組み立てるんだ。

(4) 正解 **These are letters from my father**.

😀サワイ これも（2）と同じように、名詞を修飾する「前置詞＋名詞」が含まれた文だ。

😊セキヤ letters from my father の部分ですね。ここはできました。でも these を「これら」という意味で使うということが難しかったです。

😀サワイ 多くの人は、this は難なく使えるんだけど、these は少しひっかかるんだ。ちょっと整理をしておこう。

☑CHECK
✓this：❶これ　❷この
✓these：❶これら　❷これらの

この問題では、these を❶の意味で用いることができるかが問われているんだ。

😊セキヤ ❷ならすんなり使えるんです。these books（これらの本）、these cars（これらの車）みたいに。

😀サワイ そう。these に関しては、ほとんどの人が、❷のほうが得意なんだ。❶もしっかりとマスターしよう。

2

(1) 正解 **I am here!**

(2) 正解 **My mother is in Paris now.**

(3) 正解 **Your bag is under that tree.**

(4) 正解 **Your shoes are in that box.**

😀サワイ ここはまとめて解説するね。どの文も、すでに話題になっているものについて語るものだから、there は使わないで表現するんだ。

😊セキヤ はい。それは見抜けました。できなかったのは（4）です。

😀サワイ shoes の後ろを is にしちゃったんでしょう？

😊セキヤ わかりました？　（3）のバッグが is

なら、靴もisだと思っちゃったんですけど、shoesは複数形ですもんね。

😊サワイ そう。その他のポイントは(1)のhereだ。hereは「ここ」ではなく「ここに」という意味なんだ。「に」の意味が入っているから、inやatなどの前置詞は要らない。

😊セキヤ in hereやat hereにはしない、ということですね。

😊サワイ その通り。

3

(1) 正解 **There is a cat on your car**.

😊サワイ 車は可算名詞だから裸で使うわけにはいかない。

😊セキヤ yourを置けば裸でなくなる、というわけですね。

😊サワイ これは1日目で扱ったよね。aやtheの他にも、my, your, hisやthis, thatなどが置かれることによって、可算名詞が裸でなくなる。

(2) 正解 **There are three flies on the ceiling**.

😊サワイ 「天井に」の「に」もonだ。ハエは天井に接しているから。

😊セキヤ 何かの上に乗っかっていない場合でもonを使うって、まだちょっと慣れてません。

😊サワイ たくさんの例に接するうちに慣れていくよ。

(3) 正解 In my childhood, **there was a big rock in this park**.

😊サワイ ここのwasはできた?

😊セキヤ 過去のことだからisではなくwasを使うんですよね。これは大丈夫でした。

(4) 正解 Ten years ago, **there were five movie theaters in this town**.

😊セキヤ これは、thereの後ろをwasにしてしまいました。

😊サワイ theatersは複数形だからね。用いるのはareかwereだ。そしてこの文は過去のことだからwereを用いるというわけだ。

😊セキヤ はい。次は間違えないようにします。

4

(1) 正解 I (**am**) (**watching**) TV now.

😊サワイ 進行形の文でも、be動詞を正しく使うことに注意をしなくてはならない。

😊セキヤ ここは主語がIなのでamですね。

(2) 正解 Many boys (**were**) (**listening**) to her song.

😊サワイ この文は過去の話で、主語が複数形だから、be動詞は?

😊セキヤ wereですね!

(3) 正解 My sons (**are**) (**washing**) their shoes in the bathroom.

😊サワイ 主語が複数形だから、be動詞はareかwereのどっちかだ。ここは現在の話だからareだね。

(4) 正解 My mother (**is**) (**making**) stew in the kitchen.

😊サワイ isを用いるのは大丈夫だったと思う。makeのing形はできた?

😊セキヤ makeingにしてしまいました。

😊サワイ makeのeはカットしてingを加えるんだ。ing形は、他にもstopのing形のstoppingのように、最後のアルファベットを繰り返したうえでingを加えるようなも

のもある。これも注意が必要だ。

🐵セキヤ はい。cut の ing 形の cutting なんかもそうですね。

(5) 正解 Tom (**may**)(**be**)(**sleeping**) now.

🐵サワイ これは難しかったでしょう？

🐵セキヤ 進行形の文に助動詞を加える、という発想がなかったので、カッコが１つ埋まらずじまいでした。

🐵サワイ この文では「かもしれない」の意味を出すために may が必要なんだ。助動詞はbe 動詞の前に置く。そして be 動詞は原形の be を用いる。この点、つまり is でも was でもなく、be を用いるという点にも注意してね。他にも少し例を見てみよう。

✓**CHECK**

✓Jack would be sleeping now.
（ジャックは今、眠っているだろう）

✓My son must be staying at a hotel now.
（息子は今、ホテルに滞在しているにちがいない）

🐵セキヤ 助動詞 would は「だろう」、助動詞 must は「ちがいない」ですか。

🐵サワイ そう。助動詞は４日目に扱ったよね。

5

(1) 正解 This picture (**was**)(**painted**) by Picasso.

🐵サワイ ここでもまずは、正しい be 動詞を使えるかが勝負になる。

🐵セキヤ はい。この文は過去の話で、主語が単数なので was ですね。paint の過去分詞形の painted も大丈夫でした。

🐵サワイ 単純に -ed を加えるだけの過去分

詞形は楽だよね。

(2) 正解 His bag (**is**)(**always**) (**carried**) by his secretary.

🐵セキヤ これは always を置く位置に迷いました。受け身の文に always を使ったことは、これまでに一度もなかったので。

🐵サワイ 頻度を表す副詞は、be 動詞の後ろに置くのだった。４日目に学んだよね。これは受動態の場合も同じなんだ。だからここでは、is の後ろに always を置く。

🐵セキヤ 理屈ではわかるんです。でも、実際に be 動詞と過去分詞形の動詞の間に副詞が入り込んでるのを見ると、ちょっと変な感じがします。これもたくさん繰り返しているうちに慣れていくものですか？

🐵サワイ そう。そういうものだよ。ところで carry の過去分詞形の carried は大丈夫だった？

🐵セキヤ いえ。carryed としてしまいました。y を i に変えるんですね。

🐵サワイ 他にも、たとえば try の過去分詞形は tried で、study の過去分詞形は studied。このパターンの過去形も少しずつ慣れていこう！

(3) 正解 This tool (**was**)(**invented**) by a famous scientist.

🐵サワイ 主語が単数で、過去の話。だから用いる be 動詞は was。

🐵セキヤ はい。それは大丈夫でした。でも、invent という動詞が出てきませんでした。

🐵サワイ 新しく知った単語が含まれている文は、「覚えよう！」という強い気持ちをもって、正解の文を何回か読んだり、紙に書き写したりするといいよ。とにかく、地道に積極的に努力を繰り返すしかないんだ。

セキヤ やっぱりそうですよね。

(4) 正解 I (am) (often) (scolded) by my mother.

セキヤ この文は(2)と同じで、be動詞と過去分詞形の間に、頻度を表す副詞が置かれている例ですね！

サワイ そう。同じ構造の文に出会えると嬉しいよね。「これ、見たことある！」という感じになって、記憶に残りやすくなるんだ。(2)の文と(4)の文を連続して音読してごらん。ますます記憶に残りやすくなるよ。

6

(1) 正解 This watch was repaired by Tom.

サワイ 受け身の文にするプロセスを確認しておこう。これを見て。

> ☑CHECK
> ✓Tom repaired this watch.
> 受This watch was repaired by Tom.

セキヤ はい。こう見ると変化の様子がよくわかりますね。

サワイ isではなくwasを使うというのは大丈夫だった？

セキヤ はい。元の文の動詞がrepairedなので、過去の話だと気づきました。

サワイ そう。元の文が過去の話である場合は、受け身の文のbe動詞は、wasかwereを用いるという点に気をつけよう。

(2) 正解 In the 19th century, Mexico was invaded by America.

サワイ これもプロセスを見よう。

> ☑CHECK
> ✓In the 19th century, America invaded Mexico.
> 受In the 19th century, Mexico was invaded by America.

サワイ (1)と同じパターンだね。ただ、invadeの過去分詞形に少しだけ注意。

セキヤ invadeがeで終わる語だから、dだけを加えました。

サワイ その通り。

(3) 正解 I am always supported by Bob.

サワイ 受け身の文になるプロセスを示そう。

> ☑CHECK
> ✓Bob always supports me.
> 受I am always supported by Bob.

サワイ be動詞と過去分詞形の動詞との間に、頻度を表す副詞がある例だね。できた？

セキヤ はい。少し時間がかかりましたけど、「be動詞＋頻度を表す副詞＋過去分詞形の動詞」という流れにだんだん慣れてきました。

サワイ いいね！

(4) 正解 Mary was sent a ring by Tom.

サワイ これは少し難しくなかった？

セキヤ 難しかったです。できませんでした。

サワイ 難しいのには理由があるんだ。プロセスを見ればわかる。

> ☑CHECK
> ✓Tom sent Mary a ring.
> 受Mary was sent a ring by Tom.

受動態・進行形
be動詞の4つの役割

5 GOAL

サワイ 元の文の「主語＋動詞＋名詞」の後ろに、もう1つ名詞があるでしょう。

セキヤ 下線部のa ringですね。1つ多いからそのぶん迷います。

サワイ 作業が増えるからね。落ち着いて、過去分詞形の動詞の後ろに、その「もう1つの名詞」であるa ringを置くんだ。

セキヤ こう見ると、なんてことないような気もしますね。

サワイ そう。この図を頭に入れて、繰り返し練習をすれば必ずできるようになるよ。

(5) 正解 **He is considered a hero by everybody.**

サワイ これも難しかったでしょう。

セキヤ (4)と同じくできませんでした。プロセスを見せてください。

サワイ ＯＫ！

✓CHECK

✓Everybody considers him a hero.
㊤He is considered a hero by everybody.

セキヤ a heroをconsideredの後ろに置くのですね。

サワイ そうなんだ。

7

(1) 正解 **私は女の子から手紙を手渡された。**

サワイ まずは、改めて問題文を見よう。

I was handed a letter by a girl.

セキヤ a letterにどんな言葉を添えて訳すのかが問題なのですよね。

サワイ そう。この位置にあるものは、「を」「と」「だと」「に」のうち、一番ぴったりな言葉を添えて訳すんだ。どれがいい？

セキヤ ここは「を」ですね。「手紙を渡された」。

サワイ その通り。ちなみに「を」「と」「だと」「に」が覚えにくければ、順番を並べ替えよう。「に」「と」「を」「だと」の順に変えて、「二兎を打倒」と覚えればいいよ。

セキヤ 「二兎を追う者は一兎をも得ず」ってことわざがありますよね。

タカハシ 「兎」はウサギですね。

サワイ 2匹のウサギをまとめて打倒できることだってきっとあるよ！

(2) 正解 **彼の部屋はいつも彼の妻によってきれいにされていた。**

セキヤ これはできませんでした。

サワイ これもまずは問題文を見るよ。

His room was always kept clean by his wife.

サワイ cleanに添える言葉は、「二兎を打倒」（「に」「と」「を」「だと」）のうち、どれがだろう？

セキヤ う～ん。

サワイ 迷ったら、受け身になる元の文に戻してみるといいんだ。こうなる。

His wife always kept his room clean.

サワイ これを訳してみて。

セキヤ 「彼の妻はいつもその部屋をきれいにしておいた。」

サワイ できるじゃない！　「きれいに」って訳せてるよね。受け身の文でもこのまま訳せばいいんだ。

セキヤ なるほど！

サワイ そう。これはすごく有効なテクニックだよ。まとめておこう。

受動態・進行形

be動詞の4つの役割

> **!受け身の文を読み解くのが難しい場合に有効なテクニック**
>
> 受け身の文の理解に迷ったら、受け身になる元の文に戻してみる。

(3) | 正解 | そのネコはその女の子からタマと名づけられた。

😊サワイ これもまずは問題文を見よう。

The cat was named Tama by the girl.

😊サワイ Tama の部分、訳せた?

😊セキヤ これは「タマと」と訳せました。動詞がname や call の場合は、過去分詞形の後ろにあるものを、難なく「と」と訳せるような気がします。

😊サワイ たしかに、この2つの動詞が用いられた受け身の文は、よく見かけるからね。すでに慣れている人が多いんだ。セキヤさんもなんだね。

(4) | 正解 | 私はその男性から10ドルを支払われた。

😊サワイ これもまずは問題文を見よう。

I was paid ten dollars by the man.

😊サワイ ten dollars を「10ドルを」って訳せた?

😊セキヤ これも大丈夫でした。

😊サワイ これも元の文に戻してみる。こうなる。

The man paid me ten dollars.

（その男性は私に10ドルを払った）

😊セキヤ やっぱり「を」で正解ですね。

😊サワイ 元の文に戻すとくっきりわかるよね! じゃあ今日はこれでおしまい。

6日目

現在完了形

今とつながりのある過去

過去　　　　　　　現在

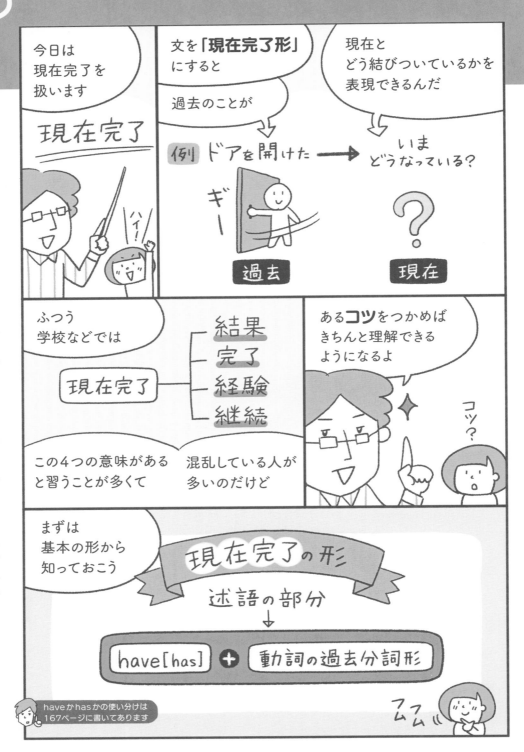

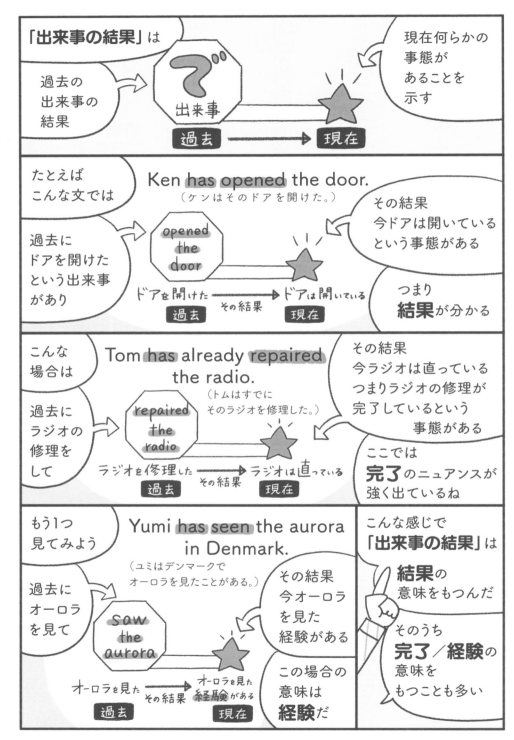

現在完了形 今とつながりのある過去

「出来事の結果」は

過去の出来事の結果 → ？ 出来事 過去 → 現在 ★

現在何らかの事態があることを示す

たとえばこんな文では

Ken has opened the door.
（ケンはそのドアを開けた。）

過去にドアを開けたという出来事があり → opened the door ドアを開けた その結果 現在 ドアは開いている ★

その結果今ドアは開いているという事態がある

つまり結果が分かる

こんな場合は

Tom has already repaired the radio.
（トムはすでにそのラジオを修理した。）

過去にラジオの修理をして → repaired the radio ラジオを修理した その結果 現在 ラジオは直っている ★

その結果今ラジオは直っているつまりラジオの修理が完了しているという事態がある

ここでは完了のニュアンスが強く出ているね

もう1つ見てみよう

Yumi has seen the aurora in Denmark.
（ユミはデンマークでオーロラを見たことがある。）

過去にオーロラを見て → saw the aurora オーロラを見た その結果 現在 オーロラを見た経験がある ★

その結果今オーロラを見た経験がある

この場合の意味は経験だ

こんな感じで「出来事の結果」は結果の意味をもつんだ

そのうち完了／経験の意味をもつことも多い

⑥ GOAL

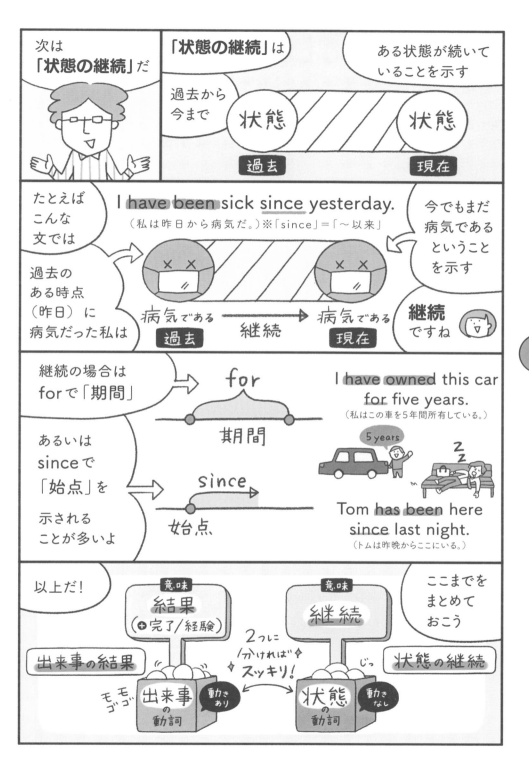

要点を確認してみる

「現在完了形」は、過去のことを今と結びつけてとらえる表現です。日本語にはぴったりと一致する表現がない文法であるうえ、「結果」「完了」「経験」「継続」など、さまざまな意味が存在するために苦手とする人が多いようです。

現在完了形

今とつながりのある過去

まずは基本の形をおさえる。

1 現在完了形は述語の部分が「have[has]＋動詞の過去分詞形」になる。

▼ルールを確認！

主語 ＋ have[has] ＋ 動詞の過去分詞形 …．

述語の部分

have と has ってどうやって使い分けるの？

have と has は一般動詞を現在形で用いる際、語尾に –s を加えるかどうかと同じ基準で使い分ける。たとえば、主語が he の場合は、have ではなく has になる。

ワンポイント!!

主語が I, we, you および複数形のものである場合は have、それ以外のものである場合は has を用いるとおぼえておくといいよ。

現在完了の用法をマスターする。

2 現在完了の文は［出来事の結果］と［状態の継続］の大きく2つに分かれる。

▼例文で確認！

出来事の結果

例 He has left.
（彼はここを去った）

left

ここを去った → その結果 → ここにいない
過去　　　　　　　　　　現在

「過去の出来事の結果、今、何かの事態がある」ことを表すのが「出来事の結果」。例文では、「過去のある時点に彼が去るという出来事があり、その結果、今、彼はここにいないという事態がある」。

GOAL

▼例文で確認！

状態の継続

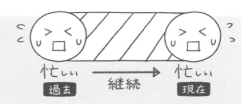

例 I have been busy since last week.
（私は先週からずっと忙しい）

① ② ③ ④ ⑤

「過去から今まで、ある状態が続いている」ことを表すのが「状態の継続」。例文では、「過去のある時点（先週）に忙しかった私は、今もまだ忙しい状態が続いている」。

ワンポイント!!

have[has]の後ろの動詞が、「出来事」を表すもの（＝動きのある動詞）の場合は、[出来事の結果]を表すよ。一方で、have[has]の後ろの動詞が、「状態」を表すもの（＝動きのない動詞）の場合は、[状態の継続]を表すんだ。

3 現在完了の文は、「完了」や「経験」の意味をもつものが多い。

⑥ ⑦

▼例文で確認！

❶ I have just cleaned my room.
（私はちょうど部屋の掃除をしたところだ）

「現在、部屋の掃除が完了している」
というニュアンスがある。

❷ We have visited his house three times.
（私たちは彼の家に3回行ったことがある）

「現在、3回の訪問経験がある」
というニュアンスがある。

ワンポイント!!

already（すでに）やjust（ちょうど）などが文の中にあると「完了」のニュアンスが感じられる文が多い。回数を表す表現が文中にある場合は「経験」のニュアンスになること多いんだ。

ドリルを解いてみる

1 次の文を現在完了形に変えましょう。

(1) I close the gate.

_____

(2) Jack and Lisa use this machine.

_____

(3) Tom cleans this room.

_____

(4) Jack is sick.

_____

(5) We are sad.

_____

2 次の文を和訳したうえで、「結果」と「継続」のどちらの意味をもつのかを空欄に書き入れましょう。

(1) My husband has returned to Japan.

_____

(2) My father has owned a small ship for ten years.

_____

(3) He has gone.

┌─────────────┐
│   │
└─────────────┘

───

(4) That gate has been open since last night.

┌─────────────┐
│   │
└─────────────┘

───

(5) I have been happy since I came to this town.

┌─────────────┐
│   │
└─────────────┘

───

3 空欄に適切な語を入れて、その上に示された内容の文を完成させましょう。

(1) 私はすでにその手紙を送った。

I have ┌─────────────┐ sent the letter.
        └─────────────┘

(2) 彼はちょうど郵便局に行ってきたところだ。

He has ┌─────────────┐ been to the post office.
        └─────────────┘

(3) 息子は雪を見たことがない。

My son has ┌─────────────┐ seen snow.
            └─────────────┘

(4) 私たちは一度、あなたのお母様に会ったことがあります。

We have met your mother ┌─────────────┐ .
                          └─────────────┘

① ② ③ ④ ⑤ ⑥ ⑦

(5) 私はこの映画を3回見ている。

I have seen this movie ⬚ ⬚ .

(6) 私は自分が子供だったときからずっとこの曲が好きだ。

I have liked this song ⬚ I was a child.

(7) 息子は20年間医者をしている。

My son has been a doctor ⬚ twenty years.

(8) この犬は去年からひとりぼっちだ。

This dog has been alone ⬚ last year.

現在完了形

今とつながりのある過去

---

4 次の文を、現在完了形を用いて英訳しましょう。

(1) 息子がこのイスを壊してしまったんだ。

_____

(2) 私はこの物語を4回読んだことがある。

_____

(3) 私はすでに引退している。

_____

(4) 夫は一度もワインを飲んだことがない。

_____

(5) メアリーは昨夜からずっと怒っている。

_____

(6) 私たちはメグを10年間知っている。

_____

(7) 私たちはメグを、彼女が子供の頃から知っている。

_____

① ② ③ ④ ⑤ ⑥ ⑦

答えあわせをしてみる

1 (1) I have closed the gate. (2) Jack and Lisa have used this machine. (3) Tom has cleaned this room. (4) Jack has been sick. (5) We have been sad.

2 (1) 夫は日本に戻ってきた。(結果) (2) 父は10年間、小さな船を所有している。(継続) (3) 彼は行ってしまった。(結果) (4) あの門は昨夜からずっと開いている。(継続) (5) 私はこの町に来てからずっと幸せだ。(継続)

3 (1) I have (already) sent the letter. (2) He has (just) been to the post office. (3) My son has (never) seen snow. (4) We have met your mother (once). (5) I have seen this movie (three) (times). (6) I have liked this song (since) I was a child. (7) My son has been a doctor (for) twenty years. (8) This dog has been alone (since) last year.

4 (1) My son has broken this chair. または My sons have broken this chair. (2) I have read this story four times. (3) I have already retired. (4) My husband has never drunk[drank] wine. (5) Mary has been angry since last night. (6) We have known Meg for ten years. (7) We have known Meg since she was a child.

1

(1) 正解 **I have closed the gate.**

(2) 正解 **Jack and Lisa have used this machine.**

🐵サワイ この2問はまとめて扱おう。現在完了形の文を作る際には、まず have と has のどちらを用いるのかを、正しく見極めなくてはならない。

🐵セキヤ この2つでは have ですね。

🐵サワイ そう。主語が I, we, you, 複数のものである場合は have を用いる。

🐵セキヤ (1)は I が主語の例ですね。(2)は Jack と Lisa の2人が主語だから、これは「複数のもの」の例ですね。

🐵サワイ その通り。そして、現在完了形の文を作るときのもう1つの注意点。それは、元の文の動詞を過去分詞形にしなくてはならないという点だ。

🐵セキヤ 過去分詞形については、5日目に習いました。

🐵サワイ 受け身の文を作るときに必要な形だったよね。

(3) 正解 **Tom has cleaned this room.**

🐵セキヤ 今回は has を用いますね。

🐵サワイ そう。Tom は I, we, you でも、複数のものでもないからね。has を置いたうえで、clean を過去分詞形の cleaned にする。

(4) 正解 **Jack has been sick.**

(5) 正解 **We have been sad.**

🐵サワイ この2つはまとめて扱おう。

🐵セキヤ (4)が has で、(5)が have ですね。

🐵サワイ そう。あとは動詞を過去分詞形にする。be 動詞の過去分詞形の been は知ってた？

🐵セキヤ いえ、知りませんでした。

🐵サワイ よく使うからぜひマスターしてね。

🐵セキヤ はい。

2

(1) 正解 **夫は日本に戻ってきた。(結果)**

🐵サワイ return は「戻る」という意味だ。

🐵セキヤ 出来事の動詞ですね。

🐵サワイ そう。だから「結果」の意味だ。戻ってきた結果、今、どんな事態がある？

🐵セキヤ 夫は今、日本にいるという事態です。

🐵サワイ その通り。ここで次の次の文を見てほしい。

My husband returned to Japan.
(夫は日本に戻ってきた)

🐵セキヤ 述語の部分が、現在完了形ではなく、ただの過去形ですね。

🐵サワイ そう。現在完了形の文と和訳は同じだけど、文がもつ意味は違う。現在完了形は現在の事態についても述べている文だけど、過去形は過去のことしか述べていない文だ。

🐵セキヤ なるほど。

🐵サワイ だから、過去形を用いた文からは、今どういう事態があるのかは分からない。

🐵セキヤ 夫が日本にいるとは限らないということですか。

🐵サワイ そうなんだ。また出国したかもしれない。でも(1)の文は今のことも分かる。現在完了形は、「過去の出来事＋現在の事態」の2つが述べられているんだよ。

(2) 正解 **父は10年間、小さな船を所有している。(継続)**

1
2
3
4
5
6
7

現在完了形

今とつながりのある過去

サワイ own は「所有している」という意味だ。この動詞に動きはある？

セキヤ ありません。ということは、この文は「継続」の意味ですね。

サワイ そう。文の中に for 〜 という表現があることからも、「継続」の意味だということは分かるよね。この for は「期間」を表すんだ。

(3) 正解 彼は行ってしまった。（結果）

サワイ gone は go（行く）の過去分詞形だ。

セキヤ 「行く」は「出来事」ですね。

サワイ じゃあ、その「出来事」の結果として、今はどのような事態がある？

セキヤ 「彼はもういない」という事態があります。

サワイ そう。現在完了形の文だから、今の状況まで分かるというわけだ。

セキヤ ところでこの文ですが、シンプルに「彼は行った」と訳してもOKですか？

サワイ 構わないよ。でも「行ってしまった」としたほうが、「今はもうここにいない」という感じが出るよね。

セキヤ たしかにそうですね。

(4) 正解 あの門は昨夜からずっと開いている。（継続）

セキヤ been は be 動詞の過去分詞形ですね。

サワイ さっき出てきたね。That gate is open. という文は「あの門は開いている」という意味だ。この is は「〜である」という意味だから、「状態」の動詞。

セキヤ ということは、この文の意味は「継続」ですね。

サワイ そう。文の中に since 〜があることからも分かるよね。これは起点を示す表現

だ。つまり、いつからなのかを示す。

(5) 私はこの町に来てからずっと幸せだ。（継続）

セキヤ これも同じく「継続」ですよね。ここでも since が用いられています。

サワイ でも、since の後ろに置かれているものが(4)と(5)では違うんだ。並べて見てみよう。since の後ろに引いた線の部分に注目してね。

(4) That gate has been open since last night.
(5) I have been happy since I came to this town.

サワイ セキヤさん、何か気づく？

セキヤ (5)では、since の後ろが文です。

サワイ そう！ 「〜以来」という意味の since は、後ろに名詞も文も置けるんだ。一方で、「〜の間」という意味の for は名詞だけ。これは重要な違いだからまとめておくね。

☑CHECK

✓since（〜以来）：後ろは名詞または文
✓for（〜の間）：後ろは名詞のみ

3

(1) 正解 I have (already) sent the letter.

サワイ この 3 では、現在完了の文でよく用いられる語句をマスターしよう。

セキヤ はい。

サワイ 「すでに」の already は知ってた？

セキヤ 言われれば分かるんですけど、自分

からは出てきませんでした。

(2) 正解 He has (just) been to the post office.
🗨サワイ「ちょうど」のjustは？
🗨セキヤ これは大丈夫でした！ でもそれとは別に疑問があります。
🗨サワイ beenでしょう？
🗨セキヤ はい。be動詞に「行く」の意味ってありましたっけ？
🗨サワイ 実はあるんだ。「行く」だけじゃなくて「来る」もある。「来る」の例を見ておこう。

I will be back in ten minutes.
（10分で戻って来るね）

🗨サワイ『be動詞には「行く」や「来る」の意味もある』って、しっかり覚えておいてね。
🗨セキヤ はい。be動詞って意味がいっぱいなんだなぁ。
🗨サワイ be動詞って、ちょっとした「スーパーマン」みたいなものだからね。

(3) 正解 My son has (never) seen snow.
🗨サワイ「一度もない」のneverはどうだった？
🗨セキヤ これは問題ありませんでした。
🗨サワイ この文には「経験」のニュアンスがあるね。ただ、neverだから「未経験」の意味になるんだ。

(4) 正解 We have met your mother (once).
🗨サワイ「一度」のonceは？
🗨セキヤ これは4日目で習いました！
🗨サワイ よくおぼえてたね。この文にも「経

験」のニュアンスがある。

(5) 正解 I have seen this movie (three) (times).
🗨サワイ「回数」を表す～ timesは？
🗨セキヤ これも4日目でonceと一緒にマスターしました。
🗨サワイ いいね！

(6) 正解 I have liked this song (since) I was a child.
🗨セキヤ「以来」はsinceですね。
🗨サワイ そう。この文では、sinceの後ろは名詞？ それとも文？
🗨セキヤ 文です。
🗨サワイ OK。sinceの後ろには、名詞と文のどっちも置けるようになってね。
🗨セキヤ はい。

(7) 正解 My son has been a doctor (for) twenty years.
🗨セキヤ「間」はforですね。
🗨サワイ 後ろは必ず名詞。ここも twenty yearsという名詞だ。

(8) 正解 This dog has been alone (since) last year.
🗨セキヤ「去年から」の「から」は、「以来」と同じ意味ですね。答えはsinceになります。
🗨サワイ もう大丈夫だね。この文ではsinceの後ろは名詞だ。

4

(1) 正解 **My son has broken this chair.** または **My sons have broken this chair.**
🗨サワイ 単に「壊した」ではなくて、「壊して

現在完了形 今とつながりのある過去

しまった」となってるから、今も壊れているということが感じられる。現在完了形を用いて英訳しよう。

🐧 **セキヤ** 答えが2つありますね。

🐵 **サワイ** 2つある理由を解読してみて。

🐧 **セキヤ** はい。息子が1人で壊した場合は、My son has broken this chair. です。1人ではなく、たとえば「息子が2人いて、1つのイスで遊んでいて壊してしまった」というような場合はMy sons have broken this chair. です。

🐵 **サワイ** いいね。

🐧 **セキヤ** 日本語の「息子」は、1人なのか2人以上なのか分からないということですね。

🐵 **サワイ** そういうことなんだ。だからここでも2つの答えがありうる、ということになる。

🐧 **セキヤ** 面白いものですね。

🐵 **サワイ** そうなんだ。きちんと勉強を続けていれば、こういうことを考えること自体、だんだん「面白い」「楽しい」と思えるようになってくるよ。

🐧 **セキヤ** そうなりたいです！

(2) 正解 **I have read this story four times.**

🐵 **サワイ** 「この物語」をthis storyと訳せれば、他はとくに問題がなかったんじゃない？

🐧 **セキヤ** はい。thisを使うことによって、aが消えるというのも大丈夫でした。

🐵 **サワイ** storyは可算名詞だから、「1つの物語」はa storyだけど、ここにthisが加わるとaが消えるんだ。これも1日目に扱った内容だね。

(3) 正解 **I have already retired.**

🐵 **サワイ** 「引退する」の意味のretire、思いつ

いた？

🐧 **セキヤ** 「リタイア」って日本語にもなっているからできました。

🐵 **サワイ** OK。あとはalreadyを出せればとくに問題はないね。

(4) 正解 **My husband has never drunk [drank] wine.**

🐵 **サワイ** ワインは可算名詞？ それとも不可算名詞？

🐧 **セキヤ** 不可算名詞です。だからwineは裸で使いました。neverも大丈夫でした。でも……。

🐵 **サワイ** drinkの過去分詞形でつまずいた？

🐧 **セキヤ** おっしゃる通りです。

🐵 **サワイ** drinkは過去形がdrank、過去分詞形はdrunkまたはdrankなんだ。

🐧 **セキヤ** 2つあるんですか。

🐵 **サワイ** うん。どっちも用いられるんだ。

(5) 正解 **Mary has been angry since last night.**

🐵 **サワイ** 「怒っている」を表現するために用いる動詞は何だろう？

🐧 **セキヤ** 答えの文がすぐには思いつかなかったので、最初にMary is angry. という文を作りました。そして、ここからMary has been angry. としました。用いる動詞はbe動詞です。

🐵 **サワイ** それは名案だね。いきなり現在完了形の文を作るのが難しい場合は、まずは動詞が現在形の文を作ればいいんだ。そしてここから現在完了形の文にする。これはとても有効な解決策だよ。

> ✓**CHECK**
>
> ✓現在完了形の文が作りにくい場合は、まずは述語が現在形の文を作る。

セキヤ since last night もできました。

サワイ いいね！

(6) 正解 **We have known Meg for ten years.**

(7) 正解 **We have known Meg since she was a child.**

サワイ この2つはまとめて扱おう。まず、「知る」と「知っている」は別の意味だということをしっかり押さえよう。

セキヤ その違いは、あまり考えたことはありませんでした。

サワイ 「知る」は、「知らない状態から知っている状態に変わる」という意味だ。これは出来事。だから「知る」に当たる learn や hear などは出来事の動詞。

セキヤ なるほど。

サワイ ところが、know は「知っている」で動きがない。

セキヤ ということは、know は状態の動詞ですね。

サワイ そう。だから know が用いられた現在完了形の文は、継続の意味になる。セキヤさん、know の過去分詞形は大丈夫だった？

セキヤ はい。know の過去形は knew で、過去分詞形は known ですね。

サワイ その通り。あとは for ten years と、since she was a child の部分ができれば問題なし。

セキヤ since の後ろに文を置く、というのが少し難しいです。できませんでした。since last night や since yesterday というような表現は、それほど難しくはないのですが……。

サワイ 解答の英文を何度も音読して、何度も紙に書き写してごらん。だんだん覚えて

いくよ。とにかく繰り返す。そして続ける。

セキヤ 「継続は力なり」ですね。

サワイ 本当にそうだよ。重い重い言葉だ。この格言の大切さを思い出したうえで、本日の授業を終えましょう。

1
2
3
4
5
6
7

7
日目

疑問文

相手から情報を引き出す

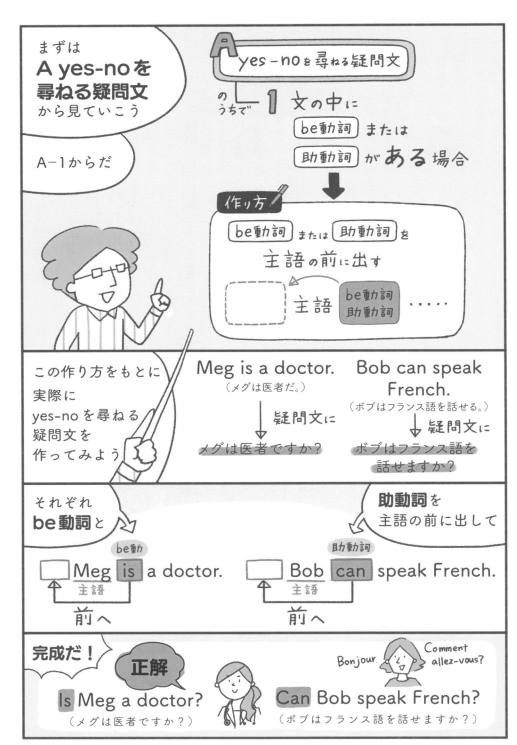

疑問文

相手から情報を引き出す

まずは
**A yes-no を
尋ねる疑問文**
から見ていこう

A-1 からだ

yes-no を尋ねる疑問文

のうちで **1** 文の中に
be動詞 または
助動詞 が **ある** 場合

作り方
be動詞 または 助動詞 を
主語の前に出す

[　] 主語 be動詞/助動詞 .....

この作り方をもとに
実際に
yes-no を尋ねる
疑問文を
作ってみよう

Meg is a doctor.
（メグは医者だ。）
↓ 疑問文に
メグは医者ですか？

Bob can speak
French.
（ボブはフランス語を話せる。）
↓ 疑問文に
ボブはフランス語を
話せますか？

それぞれ
be動詞 と

助動詞 を
主語の前に出して

be動
[　] Meg is a doctor.
主語
前へ

助動詞
[　] Bob can speak French.
主語
前へ

完成だ！

正解

Is Meg a doctor?
（メグは医者ですか？）

Bonjour. Comment allez-vous?

Can Bob speak French?
（ボブはフランス語を話せますか？）

⑦ GOAL

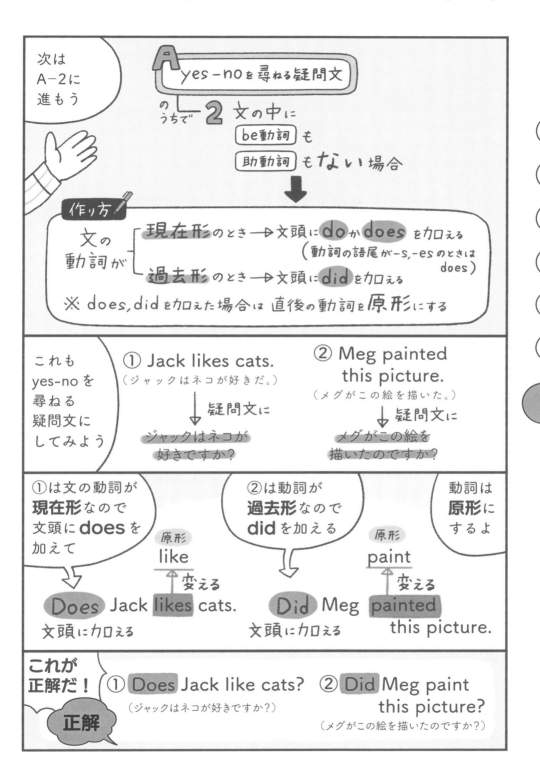

次は
A-2に
進もう

A
yes-noを尋ねる疑問文

のうちで 2 文の中に
be動詞 も
助動詞 もない 場合

作り方

文の
動詞が

現在形のとき → 文頭に do か does を加える
（動詞の語尾が-s,-es のときは does）

過去形のとき → 文頭に did を加える

※ does, did を加えた場合は 直後の動詞を 原形にする

① ② ③ ④ ⑤ ⑥ 7

これも
yes-noを
尋ねる
疑問文に
してみよう

① Jack likes cats.
（ジャックはネコが好きだ。）

↓ 疑問文に

ジャックはネコが
好きですか？

② Meg painted
this picture.
（メグがこの絵を描いた。）

↓ 疑問文に

メグがこの絵を
描いたのですか？

①は文の動詞が
現在形なので
文頭に does を
加えて

原形
like
↑ 変える

②は動詞が
過去形なので
did を加える

動詞は
原形に
するよ

原形
paint
↑ 変える

Does Jack likes cats.
文頭に加える

Did Meg painted
this picture.
文頭に加える 変える

これが
正解だ！

正解

① Does Jack like cats?
（ジャックはネコが好きですか？）

② Did Meg paint
this picture?
（メグがこの絵を描いたのですか？）

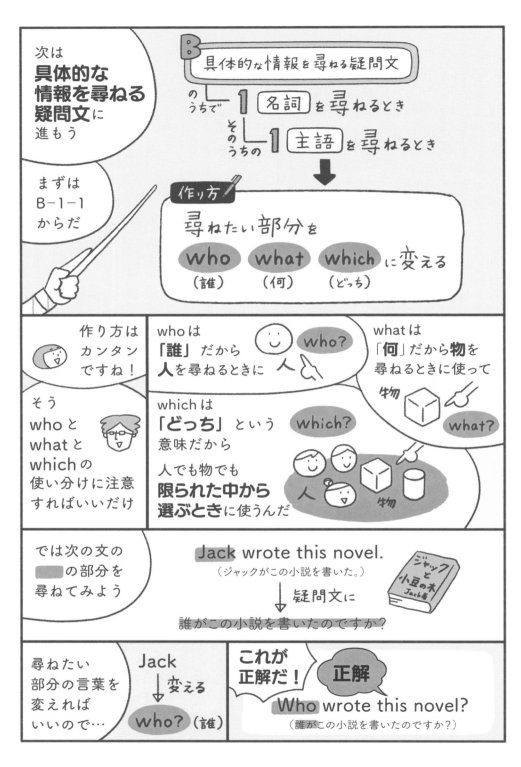

疑問文

相手から情報を引き出す

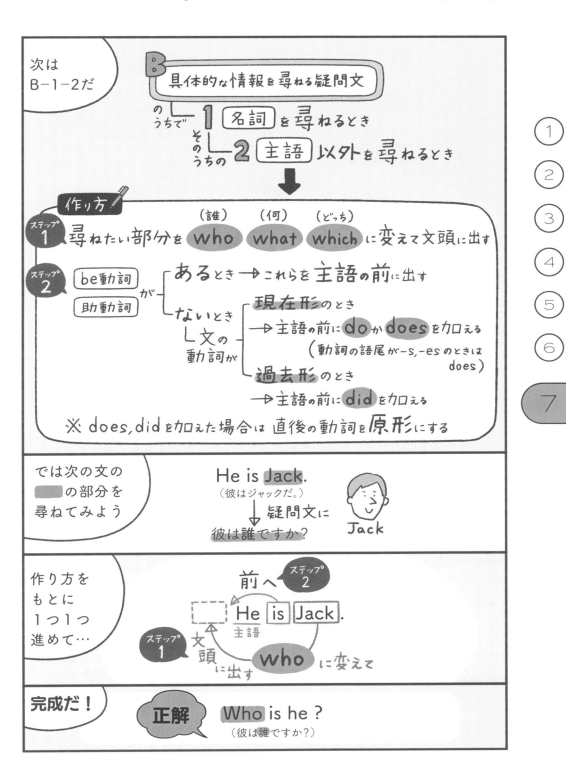

次は
B-1-2だ

B 具体的な情報を尋ねる疑問文

のうちで 1 名詞 を尋ねるとき
そのうちの 2 主語 以外を尋ねるとき

作り方

ステップ1 尋ねたい部分を （誰）who （何）what （どっち）which に変えて文頭に出す

ステップ2 be動詞／助動詞 が ─ あるとき → これらを 主語の前に出す
                         ─ ないとき
                           ∟ 文の動詞が ─ 現在形のとき
                                        → 主語の前に do か does を加える
                                        （動詞の語尾が-s,-es のときは does）
                                      ─ 過去形のとき
                                        → 主語の前に did を加える

※ does, did を加えた場合は 直後の動詞を 原形 にする

① ② ③ ④ ⑤ ⑥ **7**

では次の文の
▇ の部分を
尋ねてみよう

He is Jack.
（彼はジャックだ。）
↓ 疑問文に
彼は誰ですか？

Jack

作り方を
もとに
1つ1つ
進めて…

ステップ2 前へ

[　] He is Jack.
主語

ステップ1 文頭に出す who に変えて

完成だ！

正解 Who is he ?
（彼は誰ですか?）

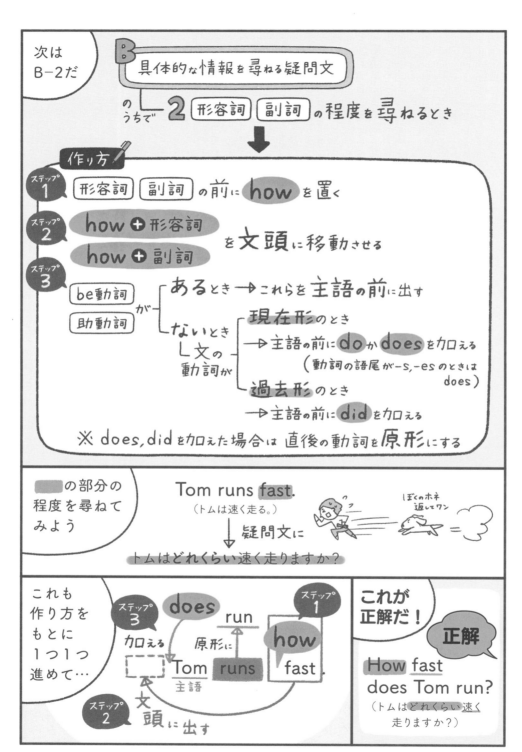

次は
B-2だ

B 具体的な情報を尋ねる疑問文

のうちで **2** 形容詞 副詞 の程度を尋ねるとき

疑問文

相手から情報を引き出す

作り方

ステップ1 形容詞 副詞 の前に **how** を置く

ステップ2 **how ➕ 形容詞**
how ➕ 副詞 を文頭に移動させる

ステップ3
be動詞
助動詞 が あるとき → これらを主語の前に出す

ないとき ┌ 現在形のとき
文の動詞が │ → 主語の前に **do か does** を加える
│ （動詞の語尾が -s, -es のときは does）
└ 過去形のとき
→ 主語の前に **did** を加える

※ does, did を加えた場合は 直後の動詞を原形にする

■の部分の程度を尋ねてみよう

Tom runs fast.
（トムは速く走る。）
↓ 疑問文に
トムはどれくらい速く走りますか？

ぼくのホネ返してワン

これも作り方をもとに1つ1つ進めて…

ステップ3 **does** run
加える 原形に
Tom runs how fast.
主語
ステップ2 文頭に出す
ステップ1

これが正解だ！

正解

How fast
does Tom run?
（トムはどれくらい速く
走りますか？）

GOAL

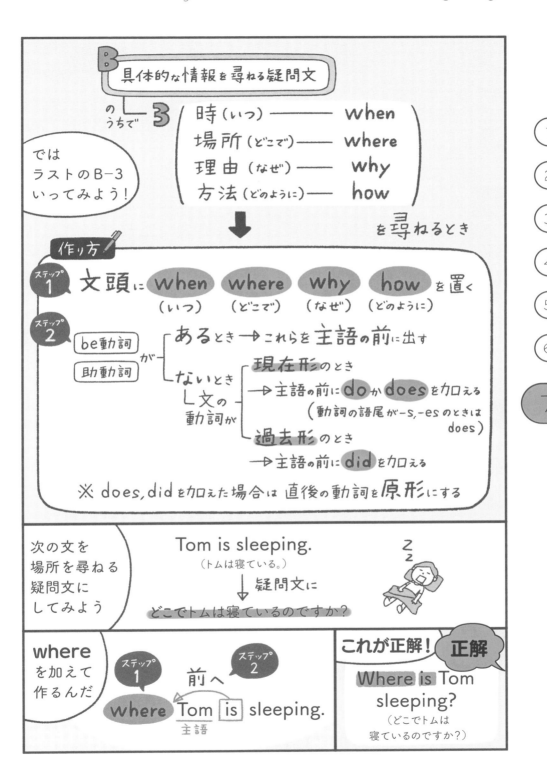

B 具体的な情報を尋ねる疑問文

のうちで **3**
時 (いつ) ―――― when
場所 (どこで) ―― where
理由 (なぜ) ―――― why
方法 (どのように) ―― how

では
ラストのB-3
いってみよう!

を尋ねるとき

作り方 ✏

ステップ**1** 文頭に **when** **where** **why** **how** を置く
(いつ)　　(どこで)　　(なぜ)　　(どのように)

ステップ**2** be動詞
助動詞 が── あるとき → これらを 主語の前に出す
──ないとき └ 文の
動詞が── 現在形のとき
→ 主語の前に **do** か **does** を加える
(動詞の語尾が-s, -es のときは does)
── 過去形のとき
→ 主語の前に **did** を加える

※ does, did を加えた場合は 直後の動詞を 原形 にする

次の文を
場所を尋ねる
疑問文に
してみよう

Tom is sleeping.
(トムは寝ている。)
↓ 疑問文に
どこでトムは寝ているのですか?

where を加えて作るんだ

ステップ**1**　前へ　ステップ**2**
where Tom **is** sleeping.
主語

これが正解! **正解**

Where is Tom sleeping?
(どこでトムは
寝ているのですか?)

① ② ③ ④ ⑤ ⑥ **7**

要点を確認してみる

最終日は、疑問文を扱います。自分から情報を伝えるだけでなく、相手から情報を引き出すことができれば、コミュニケーションが円滑になり、会話の幅も今よりもぐっと広がります。

疑問文

相手から情報を引き出す

1 疑問文は、大きく2種類に分けることができる。

Ⓐ yes か no かを尋ねる疑問文
Ⓑ 具体的な情報を尋ねる疑問文

ワンポイント!!

この2つに分けることが、疑問文をただしく作れるようになるための出発点だよ。まずはⒶの「yesかnoかを尋ねる疑問文」から見ていこう。

Ⓐ yesかnoかを尋ねる疑問文の作り方

2 be動詞または助動詞が文の中にある場合の疑問文。

▼この疑問文を作ってみよう!

例 **Is Tom a singer?**
（トムは歌手ですか？）

手順1 まず「トムは歌手です。」という意味の英文を作る。

→ Tom is a singer.

手順2 be動詞を主語の前に出す。

→ Tom [is] a singer. → [Is] Tom a singer?（完成）

▼この疑問文を作ってみよう！

例 **Can Bob speak Spanish?**
（ボブはスペイン語がしゃべれますか？）

手順1 まず「ボブはスペイン語がしゃべれる。」という意味の英文を作る。

→　Bob can speak Spanish.

手順2 助動詞を主語の前に出す。

→　Bob can speak Spanish.　→　Can Bob speak Spanish?（完成）

 ワンポイント!!

「文頭にくる単語の頭文字は大文字にして、文の最後はピリオドのかわりにクエッションマーク（?）を置く」のが疑問文の形の基本ルールだよ。

3　文の中に be動詞も助動詞もない場合の疑問文。

▼この疑問文を作ってみよう！

例 **Do they live in this town?**
（彼らはこの町に住んでいるのですか？）

手順1 まず「彼らはこの町に住んでいる。」という意味の英文を作る。

→　They live in this town.

手順2 文の動詞が現在形なので文頭に do か does を置く。

置く

→　They live in this town.　→　Do they live in this town?（完成）
　　動詞は現在形

 ワンポイント!!

元の文の動詞の語尾が He lives in this town. のように -s,-es のときは、do ではなくて does を文頭に置き、動詞を原形にするよ。

① ② ③ ④ ⑤ ⑥ ⑦

▼この疑問文を作ってみよう！

例 **Did Jack paint this picture?**

（ジャックがこの絵を描いたのですか？）

手順1 まず「ジャックがこの絵を描いた。」という意味の英文を作る。

→ Jack painted this picture.

手順2 文の動詞が過去形なので文頭に did を置き、動詞を原形にする。

置く

→ Jack painted this picture. → **Did** Jack paint this picture?（完成）

　　　動詞は過去形　　　　　　　　　　　　　　　原形にする

疑問文

相手から情報を引き出す

B　具体的な情報を尋ねる疑問文の作り方

4　具体的な情報を尋ねる疑問文の代表例は、次の 3 種類がある。

❶ 名詞を尋ねるもの
❷ 形容詞・副詞の程度を尋ねるもの
❸ 時・場所・理由・方法を尋ねるもの

3種類？

ワンポイント!!

「はい」「いいえ」で答えられる疑問文以外に、「なぜ？」「どこで？」のような具体的な情報を尋ねる疑問文もあるんだ。ここからはこれの作り方を見ていくよ。

5　名詞（主語）を尋ねる場合の疑問文。

▼この疑問文を作ってみよう！

例 **Who made this chair?**

（誰がこのイスを作ったのですか？）

GOAL

| 手順1 | まず「～がこのイスを作った。」という意味の英文を作る。 |

→ ～ made this chair.

| 手順2 | ～ の部分を who に変える。 |

→ ～ made this chair. → Who made this chair?（完成）

主語を尋ねる場合は、尋ねたい部分の言葉を変えるだけで疑問文が完成する。

ワンポイント!!

「何が」を尋ねたい場合はwhat、「どっちが」を尋ねたい場合はwhichを用いるよ。

① ② ③ ④ ⑤ ⑥

6 名詞（主語以外のもの）を尋ねる場合の疑問文。

⑦

▼ この疑問文を作ってみよう！

例 **Who did Meg meet yesterday?**
（昨日メグは誰に会ったのですか？）

| 手順1 | まず「昨日メグは～に会った。」という意味の英文を作る。 |

→ Meg met ～ yesterday.

| 手順2 | ～ の部分を who に変えて、これを文の先頭に出す。 |

→ Meg met ～ yesterday. → Who Meg met yesterday.
who

| 手順3 | 文の動詞が過去形なので主語の前に did を置き、動詞を原形にする。 |

置く

→ Who Meg met yesterday. → Who did Meg meet yesterday?（完成）
　　　　動詞は過去形　　　　　　　　　　　　　原形にする

主語以外の名詞を尋ねる場合は、尋ねたい部分の言葉を変えた後に、be動詞・助動詞・do, does, did を主語の前に置く。

ワンポイント!!

ここでも、「誰が」ではなくて「何が」を尋ねたい場合はwhat、「どっちが」を尋ねたい場合はwhichを用いるよ。

7　形容詞の程度を尋ねる場合の疑問文。

▼この疑問文を作ってみよう！

例 **How busy is she?**
　（彼女はどれくらい忙しいですか？）

手順1　まず「彼女は忙しい。」という意味の英文を作る。

→　She is busy.　　※この文の、形容詞 busy の程度を尋ねたい。

手順2　busy の前に how を置いて、「how ＋ busy」を文の先頭に出す。

→　She is busy.　→　How busy she is.
　　　how busy

手順3　be動詞を主語の前に出す。

→　How busy she is .　→　How busy is she?（完成）

8　副詞の程度を尋ねる疑問文。

▼この疑問文を作ってみよう！

例 **How fast does Tom run?**
　（トムはどれくらい速く走りますか？）

手順1　まず「トムは速く走る。」という意味の英文を作る。

→　Tom runs fast.　　※この文の、副詞 fast の程度を尋ねたい。

手順2　fast の前に how を置いて、「how ＋ fast」を文の先頭に出す。

→　Tom runs fast.　→　How fast Tom runs.
　　　　how fast

手順3　文の動詞が –s の動詞なので主語の前に does を置き、動詞を原形にする。
　　　　　　　　　　　　　　　　　　　　　　置く

→　How fast Tom runs.　→　How fast does Tom run?（完成）
　　　　　　　動詞が –s

ワンポイント!!

7の場合と同様、「how ＋副詞」のセットで文頭に出すのがポイントだ。

GOAL

9　時・場所・理由・方法を尋ねる疑問文。

▼ この疑問文を作ってみよう！

例 **Where can I buy this watch?**
（どこで私はこの時計を買えますか？）

手順1 まず「私はこの時計を買える。」という意味の英文を作る

→ I can buy this watch.

手順2 文頭に where を置く。

置く

→ I can buy this watch. → **Where** I can buy this watch.

手順3 can を主語の前に出す。

→ Where I **can** buy this watch. → Where **can** I buy this watch?（完成）

ワンポイント!!

場所を尋ねる場合は where（どこで・どこに）を用いるけど、時を尋ねるなら when（いつ）、理由を尋ねるなら why（なぜ）、方法を尋ねるなら how（どのように）を用いるよ。

ドリルを解いてみる

相手から情報を引き出す

1 次の文をyesかnoかを尋ねる文にしましょう。

(1) He is a doctor.

_____

(2) Tom is sleeping now.

_____

(3) This car was designed by a Japanese person.

_____

(4) There was a bag on the table.

_____

(5) I should do this job.

_____

(6) The story could be true.

_____

(7) Nick likes horses.

_____

(8) Bob sometimes goes to movie theaters.

_____

(9) Sam invented this machine.

_____

(10) The boys live in this town.

_____

2 次の文を下線部を尋ねる文に書き換えましょう。

(1) Tom painted cats on the wall.

_____

(2) Alex ate my cake.

_____

(3) They call the dog Ted.

_____

(4) This is a lighter.

_____

(5) Jack drove my car.

_____

(6) Bob gave her a ring.

_____

(7) Tommy met Lisa in the shop.

_____

(8) <u>Something</u> happened here yesterday.

_____

3 次の文を、下線部の程度を尋ねる文に書き換えましょう。

(1) That bridge is <u>long</u>.

_____

(2) Jack <u>often</u> goes to the park.

_____

(3) This rock is <u>heavy</u>.

_____

(4) He is working <u>hard</u>.

_____

疑問文

相手から情報を引き出す

GOAL

4 次の文を、右の指示に従って疑問文にしましょう。

(1) She is always crying. (理由を尋ねる文に)

_____

(2) Joe caught this wolf. (方法を尋ねる文に)

_____

(3) We can go home. (時を尋ねる文に)

_____

(4) He bought a car. (場所を尋ねる文に)

_____

(5) You are kind to me. (理由を尋ねる文に)

_____

(6) I use this tool. (方法を尋ねる文に)

_____

(7) They will play tennis. (場所を尋ねる文に)

_____

(8) You are free. (時を尋ねる文に)

_____

① ② ③ ④ ⑤ ⑥ ⑦

5 次の文を英訳しましょう。

(1) あなたはなぜこの大学を選んだのですか？

_____

(2) 彼は誰ですか？

_____

(3) あなたはこの犬を何と呼んでいますか？

_____

(4) 彼の背の高さはどれくらいですか？

_____

相手から情報を引き出す

(5) 彼らはどのようにしてその子供たちを助けるつもりですか？

_____

(6) 私たちはロンドンで何をするべきですか？

_____

(7) 誰がこのイスを作ったのですか？

_____

(8) あなたはどこでこの鍵を見つけたのですか？

_____

(9) この門はいつ閉じられたのですか？

_____

(10) あとどれくらいであなたはここに来るつもりですか？

_____

(11) この市に空港はありますか？

_____

① ② ③ ④ ⑤ ⑥ 7

答えあわせをしてみる

疑問文

相手から情報を引き出す

1 (1) Is he a doctor?　(2) Is Tom sleeping now?　(3) Was this car designed by a Japanese person?　(4) Was there a bag on the table?　(5) Should I do this job?　(6) Could the story be true?　(7) Does Nick like horses?　(8) Does Bob sometimes go to movie theaters?　(9) Did Sam invent this machine? (10) Do the boys live in this town?

2 (1) What did Tom paint on the wall?　(2) Who ate my cake? (3) What do they call the dog?　(4) What is this?　(5) Who drove my car?　(6) What did Bob give her?　(7) Who did Tommy meet in the shop?　(8) What happened here yesterday?

3 (1) How long is that bridge?　(2) How often does Jack go to the park?　(3) How heavy is this rock?　(4) How hard is he working?

4 (1) Why is she always crying?　(2) How did Joe catch this wolf?　(3) When can we go home?　(4) Where did he buy a car?　(5) Why are you kind to me?　(6) How do I use this tool?　(7) Where will they play tennis?　(8) When are you free?

5 (1) Why did you choose this university?　(2) Who is he? (3) What do you call this dog?　(4) How tall is he?　(5) How will they help the children?　(6) What should we do in London?　(7) Who made this chair?　(8) Where did you find this key?　(9) When was this gate closed?　(10) How soon will you come here?　(11) Is there an airport in this city?

GOAL

1

(1) |正解| **Is he a doctor?**（彼は医者ですか？）

(2) |正解| **Is Tom sleeping now?**（今トムは寝ていますか？）

🗣サワイ 1は2問ずつ扱おう。最初の2問はどうだった？

🗣セキヤ これは大丈夫でした。

🗣サワイ be動詞を前に出すだけだからね。2番目の文は進行形だ。

(3) |正解| **Was this car designed by a Japanese person?**（この車は日本人によってデザインされたのですか？）

(4) |正解| **Was there a bag on the table?**（そのテーブルの上にバッグはありましたか？）

🗣サワイ これは？

🗣セキヤ これも大丈夫でした。でも、(4)は少し難しかったです。「be動詞＋there」という出だしの文を作ったことがなかったので……。

🗣サワイ be動詞がある文は、それが進行形だろうと、受け身だろうと、その他の形だろうと、be動詞を主語の前に出せば、yesかnoかを尋ねる疑問文になるんだ。

🗣セキヤ でも「There＋be動詞＋名詞」という型の文のthereは主語ですか？

🗣サワイ うん。形のうえではこれが主語だといえる。だから(4)ではwasをthereの前に出せばいいんだ。

🗣セキヤ なるほど。

🗣サワイ というわけで、「～がありますか」「～がありましたか」という内容の文は「be動詞＋there＋～ ?」という形で表現できるんだ。

(5) |正解| **Should I do this job?**（私はこの仕事をするべきでしょうか？）

(6) |正解| **Could the story be true?**（その話は本当でありえますか？）

🗣サワイ この2つの文には助動詞があるね。

🗣セキヤ はい。だから助動詞を文頭に出しました。(6)の文は、助動詞とbe動詞の両方があるので少し迷いましたけど、前にあるほうの助動詞を出しました。

🗣サワイ それでいいんだ。ちなみにこの文のcouldの意味は、「可能」じゃないって分かった？

🗣セキヤ はい。「可能性」のcanの過去形ですね。

🗣サワイ その通り。 だから「ありえる」「ありうる」という訳になるんだ。

(7) |正解| **Does Nick like horses?**（ニックは馬が好きですか？）

(8) |正解| **Does Bob sometimes go to movie theaters?**（ボブは時々映画館に行きますか？）

🗣サワイ この2つの文にはbe動詞、助動詞がある？

🗣セキヤ ありません。doesの出番ですね。

🗣サワイ そう。でもなんで、doやdidではなくてdoesを使うんだって分かった？

🗣セキヤ (7)のlikeには-sがあって、(8)のgoには-esがあるからです。

🗣サワイ よく気づいたね。動詞の語尾に-e, -es が加わっている場合は、doではなくdoesを用いるんだ。そして動詞を原形にする。

🗣セキヤ そこ、間違えました。

🗣サワイ 原形にするのを忘れた？

🗣セキヤ はい。likesとgoesをそのままにしてしまいました。

7

STEP.3

🐱サワイ▶やっぱりね。そのミスをする人は本当に多いんだ。

🐱セキヤ▶気をつけます！

(9) 正解 **Did Sam invent this machine?**（サムがこの機械を発明したのですか？）

(10) 正解 **Do the boys live in this town?**（その少年たちはこの町に住んでいますか？）

🐱サワイ▶(9)ではdidを用いる。(10)ではdoだ。それぞれを用いる理由の説明をよろしく！

🐱セキヤ▶はい。(9)では元の文の動詞が過去形のinventedだからdidを用います。(10)では過去形でなく、–sも–esも加わっていないのでdoです。

🐱サワイ▶いいねぇ。didを用いる場合には注意事項が必要だ。動詞を原形にしなくてはならない。

🐱セキヤ▶私はinventedのままにしてしまいました。

🐱サワイ▶このミスをする人もすごく多いんだ。とにかく、doesとdidを用いる場合は、常に「動詞を原形にする」という意識をもっておいてね。

🐱セキヤ▶はい。肝に銘じます！

2

(1) 正解 **What did Tom paint on the wall?**（トムはその壁に何を描いたのですか？）

🐱サワイ▶この 2 では、まずは元の文と訳を示すね。

Tom painted cats on the wall.
（トムはその壁にネコを描いた）

セキヤさん、下線部の品詞は何だろう？

🐱セキヤ▶名詞ですね。

🐱サワイ▶そう。名詞を尋ねる場合は、その名詞が「主語なのか、主語でないのか」を見極めなくてはならない。

🐱セキヤ▶疑問文の作り方が違うからですね。

🐱サワイ▶そうなんだ。主語の場合は、尋ねたい部分をwho, what, whichに変えて終わり。主語でない場合は、who, what, whichに変えた後に、いくつか作業が必要になる。

🐱セキヤ▶はい。

🐱サワイ▶念のために、その作業を確認しておこう。まずwho, what, whichを文頭に出す。そして、助動詞かbe動詞を主語の前に移動させる作業、またはdo, does, didを主語の前に置く作業が必要になる。もちろんdoes, didを用いた場合は、動詞を原形するのも忘れてはならない。

🐱セキヤ▶ちょっと面倒ですね。それにひきかえ、主語を尋ねる場合は楽ですね。

🐱サワイ▶単語を変えるだけで終わりだからね。さて、この文のcatsは主語？ それとも主語じゃない？

🐱セキヤ▶主語じゃないです。

🐱サワイ▶そう。だからまずはcatsをwhatに変えて、これを文頭に出して、そのうえで主語の前にdidを置く。paintedは？

🐱セキヤ▶原形のpaintに、ですね！

🐱サワイ▶その通り。ところでセキヤさん、who, what, whichの使い分けは大丈夫？

🐱セキヤ▶はい。人を尋ねるならwho、物ならwhat、「どっち」という意味ならwhichです。

🐱サワイ▶いいね。whoは「誰」で、whatは「何」。whichは人でも物事でも、数が限られた範囲から選ぶ場合に使う言葉なんだ。

(2) 正解 **Who ate my cake?**（誰が私のケー

キを食べたのですか？）

🐵サワイ まずは問題文とその和訳を示そう。

Alex ate my cake.

（アレックスが私のケーキを食べた）

🐵セキヤ 下線部は主語ですね。

🐵サワイ そうだね。だからこれを変えて終わり。何に変える？

🐵セキヤ Alex は人なのでwho です。

🐵サワイ ＯＫ！

(3) 正解 **What do they call the dog?**

（彼らはその犬を何と呼んでいるのですか？）

🐵サワイ 問題文と和訳を示すね。

They call the dog Ted.

（彼らはその犬をテッドと呼んでいる）

🐵セキヤ 下線部は主語ではないですね。

🐵サワイ そう。だから Ted を what に変えたあと、作業が必要になる。セキヤさん、その作業とは？

🐵セキヤ what を文頭に出す作業と、主語のthey の前に do を置く作業です。

🐵サワイ その通り。完成した疑問文ではwhat は「何と」と訳すことにも注意だ。

🐵セキヤ 元の文の下線部が「テッドと」だからですね。

🐵サワイ そう。what, who, which は、尋ねたい名詞に加わっていたのと同じ助詞を加えて訳すんだ。

🐵セキヤ 助詞って、「が」「を」「に」みたいな言葉ですね。

🐵サワイ そう。この文の「と」も助詞だ。

(4) 正解 **What is this?** （これは何ですか？）

🐵サワイ 元の文とその訳は次の通りだ。

This is a lighter. （これはライターだ）

🐵セキヤ 下線部は主語ではないですね。

🐵サワイ だからa lighter をwhat にしたあと、これを文頭に出して、そのうえでis を this の前に出す。

🐵セキヤ ところで解答の What is this? に対する訳ですけど、「これは何ですか」じゃなくて「これは何だ？」でもいいですか。

🐵サワイ いいよ。他にも、「これは何かしら？」「これは何か？」「これは何だい？」など、いくつかの和訳がありうるね。

(5) 正解 **Who drove my car?** （誰が私の車を運転しましたか？）

🐵サワイ 元の文と和訳を示そう。

Jack drove my car.

（ジャックが私の車を運転した）

🐵セキヤ 下線部は主語ですね。

🐵サワイ だからJack をwho に変えておしまい。

🐵セキヤ やっぱり主語を尋ねるのは楽ですね。

🐵サワイ ただ、文末に「？」を置くのを忘れないでね。

(6) 正解 **What did Bob give her?** （ボブは彼女に何をあげましたか？）

🐵サワイ 元の文と和訳から。

Bob gave her a ring.

（ボブは彼女に指輪をあげた）

7

STEP.3

疑問文

相手から情報を引き出す

セキヤ 下線部は主語ではないですね。

サワイ そうだね。だからwhatに変えたあとに作業が必要になる。その作業とは？

セキヤ whatを文頭に出す作業と、主語のBobの前にdidを置いて、gaveを原形のgiveにする作業です。

サワイ いいね！　完成した文ではwhatは「何を」と訳す。

セキヤ 元の文の尋ねたい部分が、「指輪を」だからですね。

サワイ その通り！　だから同じ助詞の「を」を添えて訳すというわけだ。

(7) 正解 **Who did Tommy meet in the shop?** （トミーはその店で誰に会いましたか？）

サワイ まずは元の文と和訳を示そう。

Tommy met Lisa in the shop.
（トミーはその店でリサに会った）

セキヤ 下線部は主語ではないです。

サワイ そうだね。だからLisaをwhoに変えたあと、これを文頭に出す作業と、主語の前にdidを置いて、metを原形のmeetにする作業が必要になる。

セキヤ はい。この作業にもだいぶ慣れてきました。

(8) 正解 **What happened here yesterday?** （昨日ここで何が起こりましたか？）

サワイ ②の最後だ。これもまずは、元の文と和訳を示すね。

Something happened here yesterday.
（昨日ここで何かが起こった）

セキヤ 下線部は主語ですね。

サワイ そうだね。だからwhatに変えてそれでおしまい。

③

(1) 正解 **How long is that bridge?** （あの橋の長さはどれくらいですか？）

サワイ この③では、形容詞の程度と、副詞の程度を尋ねる練習をしよう。ここでもまずは、元の文とその和訳を示すね。

That bridge is long. （あの橋は長い）

セキヤ longは形容詞ですね。

サワイ さてセキヤさん、形容詞の程度や、副詞の程度を尋ねるときに用いる疑問詞は何だろう？

セキヤ how です。

サワイ そうだね。程度を尋ねたい形容詞、副詞の前にhowを置いて、「how＋形容詞」「how＋副詞」を文頭に出す。

セキヤ ここではhow longを文頭に出すのですね。

サワイ そう。でもこれで終わりじゃない。やっぱりyesかnoかを尋ねる疑問文と同じ作業が必要になる。

セキヤ この文にはbe動詞のisがあるので、これを主語のthat bridgeの前に出すということですね。

サワイ その通り。ちなみにlongという語は、この文では形容詞だけど、副詞でもあるんだ。4日目に「形容詞かつ副詞」の語も多い、ということを述べたのだけど、longもまさにその例なんだ。「長い」ではなく「長く」の意味で用いられることもあるよ。2つほど例文を挙げておくね。

She didn't study English long.

（彼女は英語を長くは勉強しなかった）

Have you known her long?

（彼女を長く知っていますか？→彼女とは長く知り合いですか？）

(2) 正解 **How often does Jack go to the park?** （ジャックはどれくらいの頻度でその公園に行きますか？）

🗣️サワイ これもまずは、元の文とその和訳を示そう。

Jack <u>often</u> goes to the park.

（ジャックは頻繁にその公園に行く）

🗣️セキヤ often に下線が引かれています。この単語は4日目に出てきましたね。

🗣️サワイ よくおぼえてたね！ often は頻度を表す副詞だ。さて、この文の often の程度を尋ねたい。セキヤさん、そのための手順を説明してみて。

🗣️セキヤ はい。まず how を often の前に置きます。そして how often を文頭に移動させます。そして主語の前に does を置いて、goes を原形の go にします。

🗣️サワイ 完璧だね！ とにかく how と形容詞、how と副詞は「セットで文頭に移動」だということをしっかりおさえよう。

(3) 正解 **How heavy is this rock?** （この岩の重さはどれくらいですか？）

🗣️サワイ これもまずは、元の文とその和訳を示そう。

This rock is <u>heavy</u>. （この岩は重い）

🗣️セキヤ heavy は形容詞ですね。

🗣️サワイ そうだね。これの程度を尋ねるには、まずは前に how を置いて、how heavy を文頭に出して、最後は？

🗣️セキヤ is を this rock の前に出します。

🗣️サワイ be 動詞や助動詞がある文は、do, does, did のことを考えないでいいからラクだね。

(4) 正解 **How hard is he working?** （彼はどれくらい懸命に働いていますか？）

🗣️サワイ ③の最後だ。まずは元の文と和訳から。

He is working <u>hard</u>.

（彼は懸命に働いている）

🗣️セキヤ hard は「懸命に」という意味ですね。

🗣️サワイ そう。動詞の working を修飾しているからこの hard は副詞。でも、たとえば This metal is hard. （この金属は硬い）というような文の hard は形容詞だ。

🗣️セキヤ hard も「形容詞かつ副詞」なんですね。

🗣️サワイ そうなんだ。じゃあセキヤさん、上の文の hard の程度を尋ねる手順を説明してみて。

🗣️セキヤ はい。まずは hard の前に how を置いて、次に how hard を文頭に出して、最後に is を he の前に出します。

🗣️サワイ いいね！ この文も be 動詞があるから作りやすいよね。

🗣️セキヤ ちょっと疑問なんですけど、how は程度を尋ねるための言葉ですよね？ だとしたら、この how は「どの程度」と訳してもいいですか？

🗣️サワイ 問題ないよ。だから完成した文の訳は、「彼はどの程度懸命に働いています

1
2
3
4
5
6
7

か？」でもぜんぜん構わない。鋭い質問だね。

😊セキヤありがとうございます。

疑問文

相手から情報を引き出す

4

(1) 正解 **Why is she always crying?** (なんで彼女はいつも泣いているのですか？)

(2) 正解 **How did Joe catch this wolf?** (どうやってジョーはこのオオカミを捕まえたのですか？)

(3) 正解 **When can we go home?** (いつ私たちは家に帰れますか？)

(4) 正解 **Where did he buy a car?** (どこで彼は車を買ったのですか？)

🐵サワイここでは4問ずつ見よう。文全体に対して、時・場所・理由・方法を尋ねるという話だ。セキヤさん、それぞれ用いる言葉は？

😊セキヤはい。時ならwhen、場所ならwhere、理由ならwhy、方法ならhowです。

🐵サワイそうだね。それぞれ、「いつ」、「どこで」「どこに」、「なぜ」、「どのように」という意味だ。

😊セキヤ3でもhowが出てきましたよね。

🐵サワイうん。あのhowは、程度を尋ねるためのものだった。だから訳は「どれくらい」「どの程度」だったけど、ここで扱うhowは、方法を尋ねるためのものだから「どのように」「どうやって」といった訳になる。

😊セキヤ方法を尋ねるための言葉なら、「方法」という言葉を使って訳してもいいですか？

🐵サワイ問題ない。when, where, why も同じだよ。つまり、それぞれ「時」「場所」「理由」という言葉を用いながら訳してもいいんだ。ちょっとまとめてみよう。

✓CHECK
✓when:「いつ」「どんな時に」
✓where:「どこで」「どこに」
　　　　「どんな場所で」「どんな場所に」
✓why:「なぜ」「どんな理由で」
✓how:「どのように」「どんな方法で」

🐵サワイところで、この(1)から(4)は正解だった？

😊セキヤはい。大丈夫でした。2や3の問題に比べて、少し楽に感じました。

🐵サワイ「主語かどうか」を考えたり、「セットで文頭に出す」というような作業がないからね。

😊セキヤはい。負担が少ない感じがします。

(5) 正解 **Why are you kind to me?** (なぜあなたは私に親切にしてくれるのですか？)

(6) 正解 **How do I use this tool?** (どのようにこの道具を使うのですか？)

(7) 正解 **Where will they play tennis?** (どこで彼らはテニスをするつもりですか？)

(8) 正解 **When are you free?** (いつあなたはヒマですか？)

🐵サワイこの4問はどうだった？

😊セキヤこれも大丈夫でした。

🐵サワイとにかく、時・場所・理由・方法を尋ねる文は、まず文頭にwhen, where, why, how をポンと置いて、あとはyesかnoかを尋ねる疑問文を作るのと同じ手順を踏めばいいだけだ。

5

(1) 正解 **Why did you choose this university?**

🐵サワイさあ最後の5だ。ここでは「元の文」

が用意されていない状況で英文を作ること にチャレンジしよう。まずは(1)。この文は できた?

😺セキヤ はい。理由を尋ねている文だと分 かったので、why を使うんだと判断しまし た。

🐑サワイ いいね。どういうふうに完成させた?

😺セキヤ まず、You chose this university. (あなたはこの大学を選んだ)という文を作りま した。これを出発点にして、理由を尋ねるた めの手順を踏みました。

🐑サワイ なるほど。つまり、この文の先頭に why を置いて、主語の前に did を置き、 chose を原形の choose にしたということ だね。

😺セキヤ はい。

(2) 正解 **Who is he?**

🐑サワイ これはできた?

😺セキヤ はい。大丈夫でした。

🐑サワイ どういうふうに完成させた?

😺セキヤ まず He is 〜.という文があって、こ の「〜」の部分を尋ねている文だと分かった ので、ここから Who is he? という文を完成 させました。

🐑サワイ 「〜」の部分は、たとえば He is X. というようにアルファベットで考えてもい いし、具体的な単語を埋めてもいいね。たと えば He is Tom. というような文を用意し てもいいよ。

😺セキヤ はい。

(3) 正解 **What do you call this dog?**

🐑サワイ これはどうだった? ちょっと悩 まなかった?

😺セキヤ 「何が」でも「何を」でもなく、「何と」 なのでちょっと考えましたけど、(2)の場合

と同じように、まずは元の文を考えました。

🐑サワイ 元の文はどんな文?

😺セキヤ You call this dog 〜. です。

🐑サワイ いいね。これが分かれば、あとは〜 を what に変えて、これを文頭に出して、主 語の前に do を置くという手順を踏むだけ だもんね。

😺セキヤ はい。

🐑サワイ とにかく疑問文の作り方で迷った ら、元の文をしっかりと考えるクセをつけ てほしい。元の文を正しく設定できれば、あ とは手順にしたがって疑問文にするだけだ から。

😺セキヤ 疑問文で悩んだら、元の文に戻る! ですね。

🐑サワイ そう。ここで一句詠もう。「疑問文 悩んだ時は 元の文」。

😺セキヤ なるほど! この標語、使えそうな のでおぼえます。

(4) 正解 **How tall is he?**

🐑サワイ これはどう?

😺セキヤ これは元の文を設定しなくても、す ぐに How tall is he? という文が作れまし た。

🐑サワイ シンプルな文の場合、ダイレクトに 作れることも多いよ。慣れてくると、複 雑な文も直接、英文にできるようになるよ。 ただ念のため、この疑問文の元の文を言っ てみて。

😺セキヤ He is tall. ですか。

🐑サワイ 正解。この文の tall の前に how を置 いて、how tall のセットを文頭に出して、最 後に is を he の前に出せば完成だ。

(5) 正解 **How will they help the children?**

疑問文

相手から情報を引き出す

🗨サワイ これはどうだった？

🗨セキヤ できませんでした。「どのようにして」なので、how を用いるのは分かったのですが、will を使うということが思いつきませんでした。

🗨サワイ 「つもり」だから、意志を表す言葉が必要になる。4日目に学んだけど、will には「意志」の意味があったよね。

🗨セキヤ はい。あと、child を複数形の children にするのを忘れました。

🗨サワイ 元の文を示すね。

They will help the children.
（彼らはその子供たちを助けるつもりだ）

🗨セキヤ これがあれば、あとは自分で作れます。

🗨サワイ 正しい元の文を用意できることがいかに大切か、よく分かるでしょう。

(6) 正解 What should we do in London?

🗨サワイ これは元の文を作った？ つまり、We should do 〜 in London. というような文を作った？

🗨セキヤ はい。最初は、すぐに英文にしようと思ったのですけど、うまくいかなかったので元の文を用意しました。

🗨サワイ ここもまた、「疑問文 悩んだ時は元の文」で解決したんだね。

(7) 正解 Who made this chair?

🗨サワイ これはどうだった？

🗨セキヤ 「誰が」なので、主語を尋ねていると分かりました。わりとスンナリ英文が完成しました。

🗨サワイ 念のために元の文を用意すると、

〜 made this chair. だね。主語を尋ねているから、who に変えて終わりだ。

(8) 正解 Where did you find this key?

🗨サワイ 場所を尋ねている文だね。文頭に where を置けた？

🗨セキヤ はい。まずは You found this key. という文を作りました。そのうえで、文頭に where を置いて、you の前に did を置き、found を原形の find にしました。

🗨サワイ いいね。

(9) 正解 When was this gate closed?

🗨サワイ これは少し手こずったんじゃない？

🗨セキヤ はい。できませんでした。

🗨サワイ 受け身の文をきちんと作れるか。これがまず大きな勝負だ。落ち着いて元の文を作ってみよう。どうなるだろう？

🗨セキヤ 受け身ということは、This gate was closed. ですか？

🗨サワイ そう。これができたのなら、あとは時を尋ねる手順に従うだけだよ。

🗨セキヤ はい。文頭に when を置いて、was を this gate の前に出すのですね。

🗨サワイ できたじゃない！

🗨セキヤ できました。

(10) 正解 How soon will you come here?

🗨セキヤ これはお手上げでした。how を使うのかな、ということが分かっただけでした。

🗨サワイ この問題は苦手な人が多いんだ。「あとどれくらいで」というのは、あえて言えば、「あとどれくらいじきに」「あとどれくらい間もなく」ということだよね。

🗨セキヤ はい。ということは、「じきに」「間もなく」の程度を尋ねる文だということです

ね。

🔊サワイ そう。「じきに」「間もなく」を表す単語は、何だろう？

🔊セキヤ 思いつきません。

🔊サワイ soon だ。これをふまえて元の文を作ってみて。

🔊セキヤ えぇと、「つもり」は will なので、You will come here soon. ですか。

🔊サワイ いいじゃない！　あとはこの文を、副詞 soon の程度を尋ねる文にすればいいだけだ。

🔊セキヤ soon の前に how を置いて、how soon を文頭に出して、will を you の前に出すのですね。

🔊サワイ その通り。

(11)　 正解 Is there an airport in this city?

🔊サワイ さあ最後だ。「〜がありますか？」だ。この表現は、元の文も含めてまとめておくね。

┌─────────────────────────────┐
│ ✓CHECK
│ ✓There is[are] 〜 .（〜がある）
│ 　⇩ yes か no かを尋ねる文
│ ✓Is[Are] there 〜？（〜がありますか？）
└─────────────────────────────┘

🔊サワイ 以上でついに 7 日間の特訓が終了です！

EPILOGUE

エピローグ

授業が終わって…

補足　Supplement

2日目に対する補足

現在形と過去形のｂｅ動詞の使い分け

〈 現在形 〉
・主語がIの場合 → am を用いる
・主語がyou または複数のものである場合 → are を用いる
・主語がそれ以外のものである場合 → is を用いる

〈 過去形 〉
・主語がyou または複数のものである場合 → were を用いる
・主語がそれ以外のものである場合 → was を用いる

5日目に対する補足①

ing形の例外的な作りかた

ing形とは、原形の動詞の語尾にそのまま –ing を加えた形だが、
次の場合は異なる。
①「子音＋e」で終わる語には、e を取り除いて –ing を加える。
　［例］move ＜原形＞ → moving ＜ing形＞
②ie で終わる語には、ie を y に変えて –ing を加える。
　［例］tie ＜原形＞ → tying ＜ing形＞
③「短母音＋子音」で終わる語には、語尾の子音を重ねて –ing を加える。
　［例］sit ＜原形＞ → sitting ＜ing形＞

6日目に対する補足

現在完了のｈａｖｅとｈａｓの使い分け

一般動詞を現在形で用いる際に、
語尾に –s を加えるかどうかと同じ基準で、have/has を使い分ける。

つまり、次のようになる。
・主語がI（私）、you（あなた、あなたたち）、複数のものである場合
　→ have を用いる
・主語が上記以外のものである場合
　→ has を用いる

補足 Supplement

５日目に対する補足②

不規則変化動詞のリスト

４つのパターンに分けて代表例を示す。

以下、左から順に「原形 ― 過去形 ― 過去分詞形」である。

［パターン1］ 過去形と過去分詞形が、原形と同じ形であるもの

負担させる	cost	cost	cost
切る	cut	cut	cut
叩く	hit	hit	hit
傷つける	hurt	hurt	hurt
許可する、させてやる	let	let	let
置く	put	put	put

やめる	quit	quit	quit
読む	read	read	read
置く、する	set	set	set
閉じる	shut	shut	shut
叩く、負かす	beat	beat	beat
	beat	beat	beaten

［パターン2］ 過去形と過去分詞形が、原形と異なる形であるもの

持ってくる、もたらす	bring	brought	brought
建てる	build	built	built
買う	buy	bought	bought
つかまえる	catch	caught	caught
えさを与える、供給する	feed	fed	fed
感じる	feel	felt	felt
見つける、わかる、思う	find	found	found
持っている	have	had	had
聞こえる	hear	heard	heard
持つ、続く	hold	held	held
保つ、しておく	keep	kept	kept

意味する	mean	meant	meant
会う	meet	met	met
払う	pay	paid	paid
言う	say	said	said
売る	sell	sold	sold
送る	send	sent	sent
撃つ	shoot	shot	shot
輝く	shine	shone	shone
座る、座らせる	sit	sat	sat
眠る	sleep	slept	slept
費やす	spend	spent	spent

横たえる	lay	laid	laid
導く	lead	led	led
立ち去る、残す、する	leave	left	left
貸す	lend	lent	lent
なくす、負ける	lose	lost	lost
作る、する	make	made	made

立つ、立たせる	stand	stood	stood
教える	teach	taught	taught
話す	tell	told	told
思う	think	thought	thought
理解する	understand	understood	understood
勝つ	win	won	won

［パターン3］ 過去分詞形のみが、原形と同じ形であるもの

なる	become	became	become
来る、なる	come	came	come

走る、なる	run	ran	run

［パターン4］ 原形、過去形、過去分詞形のすべてが異なるもの

始まる	begin	began	begun
壊す	break	broke	broken
選ぶ	choose	chose	chosen
する	do	did	done
描く、引く	draw	drew	drawn
飲む	drink	drank	drunk
運転する	drive	drove	driven
食べる	eat	ate	eaten
落ちる	fall	fell	fallen
飛ぶ	fly	flew	flown
忘れる	forget	forgot	forgotten
与える	give	gave	given
行く、なる	go	went	gone
成長する、なる	grow	grew	grown
隠れる	hide	hid	hidden
知っている	know	knew	known
横たわる	lie	lay	lain
乗っていく	ride	rode	ridden

上がる	rise	rose	risen
見える	see	saw	seen
振る、揺れる	shake	shook	shaken
歌う	sing	sang	sung
しゃべる	speak	spoke	spoken
盗む	steal	stole	stolen
泳ぐ	swim	swam	swum
取る	take	took	taken
裂く	tear	tore	torn
投げる	throw	threw	thrown
着ている	wear	wore	worn
書く	write	wrote	written
噛む	bite	bit	bitten
噛む	bite	bit	bit
行く、着く、なる、得る	get	got	gotten
行く、着く、なる、得る	get	got	got
示す	show	showed	shown
示す	show	showed	showed

PROFILE

［著］**澤井康佑** SAWAI KOHSUKE

1972年神奈川県生まれ。慶應義塾大学文学部卒業。元・東進ハイスクール講師。著書に『一生モノの英語力を身につけるたったひとつの学習法』（講談社＋α新書）、『MP3 CD-ROM付き 基礎がため一生モノの英文法BASIC』『MP3 CD-ROM付き 一生モノの英文法COMPLETE』（以上、ベレ出版）、『超基礎がため 澤井康佑の英文読解教室』（旺文社）などがある。

［漫画］**関谷由香理** SEKIYA YUKARI

イラストレーター・漫画家。新潟県出身。書籍や広告を中心に活躍中。主な漫画に『やさしくまるごと小学算数』（学研プラス）、イラストに『ランク順 入試英単語2300』『高校日本史をひとつひとつわかりやすく。』『コピーライターが教える 子どもを幸せにする名づけのコツ』（以上、学研プラス）などがある。

 中学英語は**7**日間でやり直せる。

PRODUCTION STAFF

ブックデザイン	編集協力	販売担当
野条友史（BALCOLONY.）	高木直子	波田美由紀（学研）
漫画	校正	データ作成
関谷由香理	日本アイアール株式会社	株式会社 四国写研
企画編集	英文校閲	印刷
髙橋龍之助（学研）	Chris Clyne	株式会社 リーブルテック

読者アンケートご協力のお願い　※アンケートは予告なく終了する場合がございます。

この度は弊社商品をお買い上げいただき、誠にありがとうございます。本書に関するアンケートにご協力ください。右のQRコードから、アンケートフォームにアクセスすることができます。ご協力いただいた方のなかから抽選でギフト券（500円分）をプレゼントさせていただきます。

アンケート番号：　305103